草根神话 系列丛书

U0654827

畅享 E 世界

赵德斌/编著

中国出版集团 现代出版社

图书在版编目(CIP)数据

畅享E世界 / 赵德斌编著. —北京：现代出版社，2013.5(2021.8重印)

（草根神话）

ISBN 978-7-5143-1541-7

Ⅰ.①畅… Ⅱ.①赵… Ⅲ.①成功心理－通俗读物

Ⅳ.①B848.4-49

中国版本图书馆CIP数据核字(2013)第078899号

编　　著	赵德斌	
责任编辑	肖云峰	
出版发行	现代出版社	
通讯地址	北京市安定门外安华里504号	
邮政编码	100011	
电　　话	010-64267325 64245264（传真）	
网　　址	www.xdcbs.com	
电子邮箱	xiandai@cnpitc.com.cn	
印　　刷	北京兴星伟业印刷有限公司	
开　　本	700mm×1000mm 1/16	
印　　张	12	
版　　次	2013年5月第1版　2021年8月第3次印刷	
书　　号	ISBN 978-7-5143-1541-7	
定　　价	32.00元	

前言

QIAN YAN

　　读小学时的一首诗至今仍然不时地回荡在记忆里,那就是白居易的《草》:"离离原上草,一岁一枯荣。野火烧不尽,春风吹又生。"野草具有顽强的生命力,它是斩不尽锄不绝的,只要残存一点根须,来年就能重新发芽,很快蔓延原野。那草正是胜利的旗帜,烈火再猛,也无奈那深藏地底的根须,不管烈火怎样无情地焚烧,一旦春风化雨,又是遍地青青的野草,野草的生命力是多么的顽强!

　　野草因其平凡而具有顽强的生命力;野草是阳光、水和土壤共同创造的生命;野草看似散漫无羁,但却生生不息,绵绵不绝;野草永远不会长成参天大树,但野草却因植根于大地而获得永生。野草富有民众精神,它甚至于带着顽固的人性弱点。草根具有强大的凝聚力,更具有强大的生命力和独立性。草根代表着这样一群人:他们知道自己很优秀,眼界比别人宽,舞台比别人大,但是他们简单,低调,很热爱身边的每个人,不自大,很快乐地骄傲着。他们来自祖国各地,聪明程度毋庸置疑,但仅有聪明是不够的。尽管他们曾经踌躇满志,但前路是遥远而坎坷的。或者因洁身自好,或者因厌倦红尘,或者因能力不够,或者是命运的捉弄,最终并非每个人都会站在时代的巅峰,也并非每个人都愿意站在时代的巅峰。从他们身上,我们也看得出社会对我们的期许,这就足够了。

对大多数青年而言,上大学是成才和进步的最佳路径,但由于环境和个人因素的诸多制约,不少人的大学梦往往止步于虚幻的梦想阶段,他们对于拥有知识、成就自我的热望,也就此沉淀在琐屑的劳作里。高等教育在一定程度上制约了社会群体的流动,也可能让部分人丧失努力和奋斗的勇气。其实,草根才是主流,草根人物的辉煌人生才是真正的神话。草根人物对自己内心观察和发展前途的思考是什么?草根人物崛起之路的底蕴是什么?草根人物的发展方向和步骤是什么?本书从人生起伏视角发掘古今中外草根人物的困惑和崛起根源,探讨草根人物的创业思路和挣钱方法,求证草根人物成功的秘密所在。旨在通过草根人物的传奇人生,深刻地解读他们的成功细节,是一部真正意义上的草根人生百科全书。

本丛书以专业独特的视角,轻松幽默的笔触,为你还原一个个古今中外草根人物的别具一格的传奇人生,深度解读他们成功路上的呐喊、彷徨和成就,为你带来一种真正意义上的心灵震撼之旅。

尽管我们付出了诸多的辛苦,然而由于时间紧迫和编者的能力所限,书稿错讹之处在所难免,敬请各方面的专家学者和广大读者批评指正,我们将不胜感激!

编者

2012年11月

目　录

开篇　草根的神话

草
根
的
含
义
"草根"直译自英文的grass roots。

有人认为它有两层含义：一是指同政府或决策者相对的势力，这层含义和意识形态联系紧密一些；二是指"草根阶层"，人们平常说到的一些民间组织，非政府组织等等一般都可以看作是"草根阶层"。

"草根"一词的来源

有学者把非政府组织(也称为非官方组织，即NGO)称作草根性人民组织；另一种含义是指同主流、精英文化或精英阶层相对应的弱势阶层。比如一些不太受到重视的民间、小市民的文化、习俗或活动等等。

从各种文章来看，实际应用中的"草根文化"的含义远比以上的解释来得丰富。至少"无权"还是草根的特征之一。

网络也应该是一种草根文化(grass-rooted culture)，它所能表述的是一种非主流、非正统、非专业或曰爱好者，甚至纯然出自民间草泽的人所构成的群体，他们使之区别于正统的主流的声音，有其独立存在的理由和独特优势。

还有另一种解释为出自民众的人：草根英雄，草根明星。

"草根"的说法产生于19世纪美国寻金热流行期间，盛传有些山脉土壤表层、草根生长的地方就蕴藏黄金,即英文grass roots。

"草根"在网络和现实中的解释可以说很全面。每一篇都谈到了"草根"及其来源,英语、汉语的解释,也都承认最早是流行于美国,而后在20世纪80年代传入中国,又被赋予了更深的含义,在各领域都有其对应的词语。正如"Do News"(IT新媒体资讯平台)的创建者刘韧在其博客《草根的感激》中说的一样:"草根是相对的。"

有一种说法叫"合群之草,才有力量"。这句话有两种解释:

第一就是不要孤芳自赏,要主动合作。

第二是人多力量大,团队合作的重要性,一棵草是永远也长不成参天大树的。

"草根"人物及其性格特点

近年来文化研究,学人多有引用"草根"一说者。野草因其平凡而具有顽强的生命力;野草是阳光、水和土壤共同创造的生命;野草看似散漫无羁,但却生生不息、绵绵不绝;野草永远不会长成参天大树,但野草却因植根于大地而获得永生。

野草富有民众精神,它甚至带着顽固的人性弱点,草根性具有强大的凝聚力,更具有强大的生命力和独立性。

"草根"人物主要有以下两个特点:第一,顽强。应该是代表一种"野火烧不尽,春风吹又生"的生命力;第二,广泛。遍布每一个角落。所以,每一个在自己键盘上坚持更新的Blogger(写博客的人,亦称博主)都是草根。

> **草根代表着这样一群人**
> 他们知道自己很优秀,眼界比别人宽,舞台比别人大。但是他们简单,低调,很热爱身边的每个人,不自大,很快乐地骄傲着。

在我们身边有这样一群人:他们知道自己很优秀,眼界比别人宽,舞台比别人大。但是他们简单,低调,很热爱身边的每个人,不自大,

很快乐地骄傲着。

人们都喜欢艺术家，那种提法怎么说呢，对人民艺术家来说，这个帽子足够大吧。

但是现在的娱乐界，尽管人人都喜欢被称为艺术家，但有些明星只能叫娱乐人，却不能叫艺术家。

身为尽人皆知的草根英雄，赵本山无疑是位值得尊敬的艺术家。20世纪80年代，赵本山与潘长江在沈阳北市大戏院演出《大观灯》，一演就是上百场，创造了演出奇迹。

如今已经成腕的赵本山在演出时还是一丝不苟。在很多人的眼里，赵本山跻身艺术家的理由显然充足，通过东北二人转这个东北三省人民的娱乐方式和精神母体发扬光大，同时将中国小品玩味到极致。

其实，英雄莫问出处，赵本山更值得人尊敬的在于当草根成了英雄后，自身仍保持着草根情结，在事业做得游刃有余之时，反手对东北二人转来记"化骨绵掌"，揭开拥有近300年历史的二人转的那块羞答答的红盖头。

从东北二人转到赵氏小品再到影视剧，赵本山用一记装疯卖乐、假痴不癫大法，将东北语言和民间元素表现得淋漓尽致。

放眼时下娱乐界，能做到像赵本山这般对人性和社会现象予以自嘲的同时，对娱乐界进行解构和推进的，有几人呢？毫无疑问，与假痴不癫相比，装疯卖乐更是一种人生大境界，没有几个人真正能够做到。

还有最受欢迎的草根歌手李宇春，她成功的一大标志是拥有着众多的"玉

米"和人气。当她登上美国《时代》周刊封面有人撰文说:"李宇春登上《时代》周刊封面,中国呼唤平民英雄。"

其实,2005年"超级女声"的火爆,和境内外媒体的煽风点火不无关联。国内的主要报刊在6月份迅速跟进"超女"选题,有相当大一部分都是受到《今日美国》和《巴尔的摩太阳报》两份报纸的影响。

毕竟,在某种意义上,中国的影像工业造星乏术。尽管有若干影星占据银幕,也有少数摇滚歌手可以炒热体育场,但鲜有电视荧屏上的面孔能够真正出位,而这也正解释了为什么一个名叫李宇春的21岁四川女生会成为中国最受欢迎的流行歌手。

李宇春在湖南卫视那档类似"美国偶像"的歌唱比赛中胜出,并赢得了她独一无二的称号:"蒙牛酸酸乳超级女声"——这个节目吸引到了中国电视史上最大的观众群。

实际上,李宇春现象早已超越了她的歌声。李宇春所拥有的是态度、创意和颠覆了中国传统审美的中性风格。但是,李宇春确实拥有更多含义:她代表了张扬的个性,这就是她成为全国偶像的原因。

换言之,李宇春的个性特质是:其中性化的特点,在这个泛娱乐时代恰到好处地迎合了中性时代的到来。而李宇春其人的成功之处也在于,拥有自身的机遇,加之自身确实拥有一定的实力和努力,从而赶上了一个疯狂的娱乐时代。

李宇春本人亦是借"超女"包装出来的,借"超女"疯出来的,借一帮娱乐粉丝抬出来的。

正如同传统媒体和经纪公

司捧出明星一样,网络媒体自被广泛认可以来,也不断地捧出一个个网络名人,网民是一个特殊的群体。70后的人群在2000年前后,是网络的主力军,他们中的很多人都很有才华,也颇具个性。因而,网络吹捧出了大量的网络写手。

比如,2010年5月腾讯微博入驻过一位刚大学毕业的大学生,他用自己的亲身经历写出被新媒体、各大纸媒誉为中国首部最为经典的微小说《eilikochen京都生活记》,也被称为微小说创始人,他就是陈鹏。

年轻的他成为北漂的代表,腾讯微博粉丝数万,开创了文学史上新的篇章。

《eilikochen京都生活记》是中国首部及时纪实性连载微小说,作者陈鹏先生从2010年5月开始在腾讯微博实时在线写作,随时接受网友的互动参与,陈鹏自己的故事或身边的见闻趣事随时有可能被作者写进微小说里,因此受到网友的热捧。

但人们追捧这部微小说,不仅仅因为它是国内外线上发表的第一部微小说,更因为这部小说道出了现代人心中对现实生活、对各类情感的困惑与迷惘。

《eilikochen京都生活记》已在腾讯微博独家网络在线发布,至今仍在连载已更新发表一百四十回。

草根族

在论坛和博客中,开展评论非常自由,工资低可以呼吁,房价上涨可以发发牢骚,出租车提价可以评论,特别是在论坛上彼此互动,你一言我一语甚至争得不可开交。大家觉得很爽快。

"草根族"的评论有许多并没有石沉大海。

2003年,新华社首次披露中央高层领导对网络的重视看来"草根族"的评论并非人微言轻,"香草根"的"舆论场"作用,日益受到中南海高层的重视和肯定。

> **草根族**
>
> 时下"草根族"这个称呼很盛行,据说"草根族"这个称呼最早来源于法国资产阶级大革命时期,是对社会底层的百姓的一种称呼。
>
> 现在其所指也是社会最下层——平民老百姓的意思。互联网的论坛和博客为"草根族"搭建了一个自由言论的平台,他们可以畅所欲言的谈天下、谈社会、谈热点、谈对一些政策的看法。

然而"草根族"中也有"毒草根"。个别网民编造的谣言之所以具有强大的杀伤力,当然与网络的传播特性有关。通过转帖、邮件、即时聊天工具发送等方式,一个查无实据的谣言很快就能覆盖数量广泛的人群,进而在社会上造成严重的影响。

看来"草根族"中也有良莠之分,"草根族"在网络中应大力提倡自律,遵纪守法,自觉做促进社会主义文明的网民,共同创建健康的、积极向上的、文明的网络环境。

草根文化

"草根文化"是伴随着改革开放思想的解放、意识观念的革命、科技进步、市场经济发展、创新2.0的逐步展现引发的创新形态、社会形态变革及

其带来的社会大众道德观念、爱好趣味、价值审美等变化出现的文化多样化的发展趋势，在民间产生的大众平民文化现象。

后来"草根"一说引入社会学领域，"草根"就被赋予了"基层民众"的内涵。

社会学家、民俗学家艾君在"改革开放30周年解读"中认为，每一次思想的解放、社会变革和科教的进步，都会派生和衍生出一些特殊的文化现象。

它的出现体现出改革开放后文化的多样性特点，也可以从一定意义上反映出以阳春白雪占主流的雅文化的格局已经在承受着社会文化中的"副文化、亚文化"的冲击。

这种特殊的文化现象其实是社会民众的一种诉求表达，折射出社会民众的一种生活和消费需求，以及存在的心理需求。

它具有平民文化的特质，属于一种没有特定规律和标准可循的社会文化现象，是一种动态的、可变的文化现象。科学技术发展引发了创新形态、社会形态的变革，创新2.0也正在成为知识社会条件下的典型创新形态并影响社会的草根化进程。

Web2.0是创新2.0在互联网领域的典型体现，而Blog则无疑是Web2.0的典型代表。

作为管制而没有充分发展，博客提供给普通大众和媒体精英以及潜在媒体精英同样的发挥机会和展示的舞台。

既然媒体精英进入博客写作市场，那么在充分竞争之后，中国博客发展一定和美国的Blog反专业主义、反精英主义发展完全相反，所以中国的博客之后的发展，一定是继续精英化，而不是像在美国祖先一样草根化。

其实不用再多说什么了，那些指望通过BSP（博客服务托管商）的首页，给自己的blog带来流量的草根们，恐怕只好先把自己弄成精英再说了。

看看新浪推荐的优秀Blog，余华、张海迪、潘石屹、徐小平真是够精英的。如果幸运，说不定你可以在左下角"最新更新Blog"那里露一下脸。

草根文化的定义

草根文化，属于一种在一定时期内由一些特殊的群体，在生活中形成的一种特殊的文化潮流现象，它实际是一种"副文化、亚文化"现象。

不否认精英的影响力，实际上新浪正是在利用他们的这种影响力，来吸引草根们到它的网站上开blog，这会很有效果。

但互联网正在把影响力赋予那些以前不具有影响力的人，blog圈是条长长的尾巴，而每个blogger都是这个尾巴上的那么一点。这就是《纽约时报》所说的，"Every one is famous for 15 people"（每个人都可以在15个人中大名鼎鼎）。这15个人，可能包括你的恋人、朋友、同事，你对他们的影响力，可能远远超过那些精英们对他们的影响力。

比如，我告诉你应该看超女，你可能不会看，但你的女友告诉你应该看超女，你就真的看了。

回到前面说的媒体管制，实际上所有的管制都是一部分人对另一部分人的管制，一部分精英对另一部分精英话语权的剥夺。所以很多话只能在自己的Blog上说。

不过有的人不认为写Blog的人会是精英，只不过他的Blog的读者略多于其他Blog而已，但不会像《读者》那样拥有几百万读者。

从媒体的角度看Blog，它的读者总数正在快速增加。尽管每一个单独的Blog都很小众，但它们的读者再少，也一定会有最忠

The First Grass Roots Festival

草根文化艺术节

实的。

整个Blog圈的读者绝对是个可以跟任何媒体相抗衡的数字，这就是长尾的威力。管制几个精英很容易，但管制几百万Blogger很难。

中国的Blog圈不可能走向精英媒体的道路，因为再微弱的声音也有发出来的欲望和可能。门户网站用精英做招牌，目的还是吸引大量的草根。Blog让草根不再只是充当衬托精英的背景，至少在15个人中，每个Blogger都是一个主角。

"草根文化"的现实意义

健康向上的"草根文化"会形成对主流文化的重要补充，但愚昧落后的"草根文化"无可否认也会对传统意义上的主流文化带来辐射、腐蚀和冲击。

改革开放三十多年来，"草根文化"的风起云涌，从一定意义看，丰富了人们的文化生活，补充了人们的精神需求，体现了文艺的"百花齐放，百家争鸣"，对主流文化进行了辅助和补充，使文艺体现出了真正的"雅俗共赏"之特点。但实际上对一些主流文化的普及和弘扬也是一种挑战。

任何的文化不能脱离了其社会价值和对社会发展所具有的责任，不能脱离了文艺的"二为"方向，"草根文化"因为其来自民间、来自生活，这些文化难免有的带有一定的糟粕和腐蚀性。

对待"草根文化"我们应该在"科学发展观"的指导下，剔除一些糟粕，尤其应该剔除那些对我国优秀的传统文化造成颠覆性的破坏较大的"草根文化"，倡导和发展那些群众所喜闻乐见又对社会发展有进

博客的分类

按照博客主人的知名度、博客文章受欢迎的程度，可以将博客分为名人博客、一般博客、热门博客等；按照博客内容的来源、知识版权，还可以将博客分为原创博客、非商业用途的转载性质的博客以及二者兼而有之的博客。

步意义的"草根文化"。

　　总而言之,对待日趋泛滥的"草根文化"现象,我们应该以"三个代表"重要思想为指针,以"科学发展观"为指导,采取"批判吸收的鉴赏态度",认真领会认识"继承和发展的关系""扬和弃的关系""批判和吸收的关系",继承和发扬"草根文化"中那些有益的精神文化内容,批判和剔除那些对人的修养、道德建设以及对社会发展、人类进步有腐蚀作用的"劣质内容",让"草根文化"真正成为主流文化的重要补充,成为构建和谐社会、实现全民小康的一种社会动力和精神财富,成为一笔宝贵的文化遗产。

第一章　有个女孩爱唱歌

人物传奇　　曾经她还是一个在网上闲逛的小女孩,她的唱功绝对算不上是最好的。以一首"女生版"《老鼠爱大米》而在网络迅速走红,专辑同名主打《猪之歌》跻身美国iTunes全球音乐下载销量排行榜第四,专辑海外版更一度登上iTunes全球音乐下载销量排行榜亚军宝座,颠覆了欧美歌曲独霸排行榜的格局,成为亚洲歌手获国际权威数字音乐销量排行榜成绩最好的歌手。这个女孩已借网络一步登天,麻雀变凤凰,成了年轻人极为喜欢的网络歌后。

第一节　走近人物

个人简介

　　王瑾枚,艺名香香,1984年6月14日出生于湖南省常德市桃源县。1999年以特招生身份进入湖南师大攻读音乐专业的本科,入学不到一学期因厌倦学校的美声唱法、民族唱法而退学,后在中央某报驻长沙记者站从事打印工作,平时酷爱上网和唱歌,并且经常在网上发表自己翻唱歌曲的录音。

　　2004年中以一首"女生版"《老鼠爱大米》而在网络

迅速走红,引起了多家唱片公司的关注,最终与北京飞乐公司签约,2005年1月推出了新专辑《猪之歌》。

获得荣誉

2005年3月12日:"广州音乐先锋榜"最佳网络歌手奖;

2005年5月22日:"第五届华语音乐传媒大奖"最佳网络歌曲;

2005年5月27日:"中国原创音乐风云榜"年度网络最具人气女歌手;

2005年7月16日:第一届"马来西亚全球华人金艺奖"最受欢迎网络歌手奖;

2005年7月22日:第二届广州粤港未来巨星奖;

2005年08月06日:香港新城国语新势力歌手;

发行专辑

《香飘飘》

香飘飘、初夏的风、一盆眼泪、如意、细语、哎哟哎哟对不起、星楼的星座、睡美人、躲猫猫、摇篮曲、健康快乐动起来、香飘飘(伴奏)、细语(伴奏)、健康快乐动起来(伴奏)。

《恭喜恭喜》

恭喜恭喜、财神到、新年好、祝福你、拜年。

香飘飘歌曲

是一首名副其实散发着诱人清香的香味歌曲,这清香,不仅来自听者的耳际,更是发自听者的脑际。点题之句"香飘飘"在歌曲中反复地吟唱了12次之多。在《香飘飘》这首歌曲的演绎上,香香唱得自由自在,唱来亲切温馨,务求令听者有一种悠然自得、心旷神怡的感觉。

2004年8月签约北京世纪飞乐影视传播有限公司,11月《老鼠爱大米》合辑发布。

2005年1月28日发行首张专辑《猪之歌》,9月16日《哎哟哎哟对不起》EP单曲发布。

2006年6月14日发行第二张专辑《香飘飘》。

商业代言

为"小家伙"健康饮品做代言人；

为网络游戏"热血江湖"做代言人；

为深圳"彩奇诗"保暖内衣做代言人；

为中国第一本正版电子音乐杂志做代言人；

《老鼠爱大米》电视剧友情客串演出；

担任中国联通"丽音使者"；

担任南方电视台TVS-3"敢拼才会赢"主持人；

出席张艺谋《千里走单骑》电影首演发布会嘉宾；

为盛大"彩虹岛"借网游成功复出做代言等等。

第二节　香香的网络之路

上帝的宠儿

有一类女孩从小就被上帝特别关照——香香就是其中的一个。

确定了即将出生的是个女儿之后，香香父母查了几天字典，起了个名字——王瑾枚。谁不想让女儿漂亮？香香很争气，做到了。刚一出生的小香香，洁白的皮肤像无瑕美玉，圆圆的眼睛像晶莹黑葡萄，小脸蛋、细胳膊细腿，非常乖巧可爱！爸爸大喜：这就是我们家的小丁香呢！

当时谁也想象不到，20年后的而今，乐坛

真的就出现了一个网名、艺名都如此石破天惊的"香香"。香香的乖巧，使她受到周围人的溺爱，这也令她开始一路"胆大妄为"、调皮捣蛋。进幼儿园的第一天，看到周围的小孩子全都哭哭啼啼，她便伸出手指，在这些孩子头上逐个敲下去，一直敲到最后一排，她才安静地坐下。这种行为绝不是一般小孩子可以做得出来的——由此我们可以想见，香香注定是特别的。

五六岁时，香香已经能够唱很多影视歌曲了。那时电视里正在播放电视剧《红楼梦》，中间大概有十多首很好听的插曲，当电视剧播完，里面的插曲香香就基本上全会唱了，就连那首片尾曲中"呼啦啦似大厦倾，昏惨惨似灯将尽"她都能一字不落，一个音符不错地唱出来——当然，她肯定不知道是什么意思了。

看到女儿有如此天赋，曾经学过乐器的香香妈妈从此便有意无意的让她多接触音乐。同时，爸爸也开始买回大堆音乐类的书来给她看。不过，小香香最喜欢的书竟然是些科幻啊，侦探啊等等。再大一点，父母发现小香香好像什么都有点特长，于是就给她报了好多"进修"班让她读，把她折磨得整天筋疲力尽。"那时天天累得要死，但还不怎么知道反抗。"香香现在有点耿耿于怀。

香香第一次登台表演是在小学。刚进学校不久，县里举办电视歌手大奖赛，妈妈带她去参赛了，参赛歌曲是《小龙人》，初赛时，她以绝对的优势进入了复赛，复赛也顺利通过。猜：到了决赛怎么样？

全县直播耶！她竟然把"头上有犄角"唱成了"头上有尾巴"了！正在妈妈担心她下句怎么接时，她发现小香香竟不慌不忙地唱完了整个曲目。当然，最后因唱错了词她只获得了三等奖。

香香的独特个性贯穿童年到少年。常常是这样：有时连老师讲的什么她都没听清就举手回答问题，不管自己站起来之后究竟要说什么。即使这样，历任班主任老师都非常喜欢她，宠她，不批评她，没什么别的原因，就是因为她长得可人，也挺逗的。

"这孩子总是让我大喜大悲，小时候，没人不喜欢她的乖巧；长大了，却生就一副叛逆性格，把我折磨得心力交瘁。为了她，我至今不能睡上安稳觉。"还有谁会像妈妈这样担心自己的女儿？

少女的叛逆时期

今天的香香已然懂得了亲人那份深沉的爱：当年，年过花甲的奶奶亲自动手给她做饭，把饭盛到她碗里，之后再"义务"洗碗；妈妈给她洗澡直洗到小学毕业。这个"传统"一直未变，直到香香渐渐长大，上了初中，开始有了股少女的羞涩和自觉。

香香的初中生活过得很悠闲，也正是在那段日子，15岁的她开始少年意气，凸显叛逆，处处使父母为难。

她的自我意识越来越强。开始疯狂地购买各种音乐磁带，还让爸爸买了一套当时最好的音响，供她"配套使用"，同时，年届不惑的香香妈妈也开始学着唱流行歌曲，以便能及时纠正、配合女儿。

有一次，她注意到一贯只买男歌手磁带的香香买了一盒女声磁带，便说："你终于肯买女歌手的磁带了。"香香马

《一盆眼泪》

以清脆的钢琴伴奏开首，香香娓娓道出"他的故事"。而以大提琴过门，更反衬出歌声的深沉。香香的演绎，与以往截然不同，平添了几分成熟的韵味。伴随着"有谁能把他的/一盆眼泪/洒在心里还不心碎"，钢琴、大提琴与吉他交织在一起，音乐打破了时空界限。

《如意》

　　其歌词就是一首十分对仗工整的诗。这悠扬动人心扉的诗,让人耳目一新。力图挖掘香香诠释音乐的内在潜力。香香用歌声,道出了"失去的不可惜/所以得到也别刻意"的现代人洒脱的心态,《如意》中有着深层的寓意。香香,就是一个真真切切、委委婉婉诉说情怀的女孩的声音。

上就笑了:"妈妈你真土。"原来,这是台湾歌手张信哲的歌。

　　1999年,苦心经营、娇惯着女儿的香香妈妈创造了种种机会,使香香通过考试,让她成为一名特招生进入湖南师大攻读音乐专业的本科。但入学不到一学期,喜爱通俗唱法、独爱R&B的香香便对学校的美声唱法、民族唱法产生了厌倦,她讨厌将音乐分门别类的乏味教学,任性的她长期躺在宿舍里,不去上课。这一年冬天,老师通知香香妈妈:要不就让香香上课,要不就请她退学。

　　香香妈妈看着躺在寝室里,一脸病恹恹却倔强着不去上课的女儿,眼圈一红,把她领回了家。在家的一个多月,香香整天懒散地吃了睡,睡了吃,什么事也不做,香香妈妈看在眼里,急在心里。终于有一天,中央某报驻长沙记者站的一位朋友给香香妈妈解决了难题——请香香到该记者站做打印工作。

香香的网络生活

　　就是从"上班"那一天开始,香香找到了属于她的另一片天空——网络。开始一些日子,香香把工作做得很好,周围的同事和领导也对这位乖巧女孩称赞有加,未久,香香却只愿意在办公室的电脑前上网了!

　　短短一个月内,她的QQ里加进了几百个人,一开始她极有兴趣,没白天没黑夜地和人聊,可后来她就烦了。"怎么他们总是说完你好就问你多高,多重什么的呀,又不是查户口!"她就不聊

QQ了。紧接着,语音聊天开始风行,她又满怀憧憬地跑去用麦克风和人说话了。可没几天,她又够了——每天总骂来骂去的多没意思啊。

她的上网规律一般是这样的:早上7点开睡,中间醒来一次,吃饭,之后接着睡,到晚上九点准时起床,上网直到早上7点。就这样,周而复,复而周,她的早晨从别人刚要睡觉时开始。

在网上,她90%时间玩游戏,10%是在唱歌。而且,游戏时她也唱。只要她在,网吧里经常出现这样的情况:她旁边的电脑前人总是换得非常频繁,就因为受不了她这样没完没了地唱。

她最爱玩的游戏是网络创世纪,很早的一个游戏了。其他的游戏她也玩得很好,因此玩伴们给了她一个称号:PK女皇。同时由于她的"英勇",不少远在网络那端的人甚至一直都觉得她应该是个男孩。

她上班的地方在四楼,打印室只能打印,隔壁办公室才能上网。因为网瘾,她学会了从打印室的窗户里爬到隔壁办公室,常常玩到两三点还舍不得离去。她在网络上漫游天地,疯狂地打起了游戏,并翻唱、录制了很多歌曲。渐渐地,她白天也不去上班了,躺在家里睡觉,成了一只叛逆的夜猫子。

终于有一天,她"翻墙越户"的时候被巡查的站长发现了! 第二天,站长便把香香妈妈"请"到了长沙——"四楼这么高,她半夜里爬窗上网,掉下去了怎么办? 我负责不起,您把她领回去吧。"

香香妈妈气得一脸通红,举起巴掌就要抡下来。但看着女儿雪白的脸蛋和稚气的表情,她心疼了……

从长沙记者站被"劝送"回家后,香香已然形成的惯性怎能轻易更改? 只要香香妈妈稍有松懈,她便像孙悟空一样,一个筋斗便逃出她的看管,跑到网吧去打游戏、翻唱网络歌曲,任性而恃宠生娇的她常常要在网吧

> **《哎哟哎哟对不起》**
> 歌词直白,旋律跳跃,正好反映出时下青年男女绝不轻易放弃来之不易的爱情的复杂心态。整首歌俏皮、风趣、活泼、跳跃、缠绵,与香香唱红的《猪之歌》形成鲜明的对比。勇敢尝试了新的唱法和演绎方式,将歌曲的精髓都发挥到了极致。

里待一整天,饭也不吃,脸也不洗,甚至隐形眼镜戴了半个月也不摘下来洗,实在受不了了才摘下来扔掉。最让妈妈受不了的是她常在半夜里趁妈妈睡着了,还偷偷摸到任意一个网吧。

　　香香妈妈为此伤透了脑筋。对于这个宝贝女儿,她舍不得打,舍不得骂,害怕她因为不懂事,在网络上、在网吧里遭遇坏人。对于妈妈的苦心,香香现在非常理解,但她当时怎么能说服自己呢? 天知道谁可以!

　　网络创世纪游戏里,香香的名字是"NICE",因为她一直想做那个超级魔法师。那段日子,她的"白日梦"里全都是游戏世界的砍砍杀杀。偶尔有个浪漫场景,但太少了,几乎为零。回想当时,只是比较没有安全感,急于想找到些什么来证明自己,不让自己空虚,可以什么都不去想吧。

　　不过,可能也正因为当时那么疯狂地迷恋在网上展示歌喉,唱给别人,也唱给自己,才有了语音聊天室一帮人等的"吹捧",有了满满的自信,以致她今天遇上这个巨大的馅饼吧?

第三节　香香的歌声之路

经常半夜"吼歌"

　　香香只有在唱歌的时候才会让父母开心。"我父母都喜欢音乐,尤其我妈妈,也曾梦想过成为一名歌唱演员。我是听着港台流行音乐长大的,"香香说,"从小我就被人夸唱歌唱得好听,幼儿园、小学、中学、一年的大学直到现在。几年前我自己就开始研究王菲、孙燕姿等人的发音,甚至走路的时候都在琢磨她们哪个音为什么唱得好听,哪个字怎么念。"

不过香香对唱歌的痴迷也挺遭人烦的，她说，"开始在网上上传我的歌以后，我一般半夜3点才开始自己录音，因为那时安静，不用减噪设备，声音录出来最真实。但是房间隔音效果当然没有专业录音棚好啦，邻居们被吵醒后很生气，总冲我父母大声抗议你们家闺女又在吼歌啦！"

由网络走向现实

"我胆子小，不敢去歌厅唱歌。"喜欢唱歌的香香2002年9月在网上看到了一个教人如何用电脑录歌的帖子。她发现在家录一首歌非常简单，所以，在短短的两年间，她用自己价值十几元的话筒和100元的声卡录制了上百首歌曲，她把录好的歌曲传到网上，花了一个下午翻唱了《一千零一个愿望》并发到网上去。"没想会得到网民们青睐，从此我就·发不可收，上瘾了。"一开始，她只是觉得好玩，到后来，她不想唱都不行了。

2004年夏天，广东一家音乐公司人士听到了香香翻唱的《江南》，觉得她唱的歌曲比原创者唱得还好听，尔后其与香香取得联系，香香当时正在电脑前玩网络游戏"泡泡堂"，当她接到这个要求签约的电话时，难以相信自己的耳朵。近日有媒体对香香把自己的首张专辑《香香·猪之歌》所得的版费一万元全部捐给了血癌男孩小黎品的举动大加赞扬。对此，香香说，她用自己平生赚回来的第一笔钱做一件最有意义的事情值得。

正式签约后，飞乐唱片立刻

《睡美人》

《睡美人》是世界艺术宝库中一颗璀璨的珍珠，她所讲述的充满童话色彩的故事，弘扬了人间正义，鞭挞了邪恶势力，具有历久常新的艺术感染力。在理念和曲风上有着很大突破，来自香香的清新的声音与甜美的个性，仿佛是落入凡间的精灵，惹人怜爱、令人惊艳！

就制作了她的第一首单曲《老鼠爱大米》，2005年1月又帮她制作并推出了收录有6首原创歌曲的全新首张专辑《猪之歌》，这张专辑标志着香香由网络歌手蜕变成了传统歌手，之后又在2006年7月推出了第二张专辑《香香·香飘飘》。现在香香的音乐不仅风格更加多元化，而且制作精良，由香香的同门师兄潘晓峰担任制作人，并重金聘请名导林锦和远赴云南丽江、香格里拉等地拍摄《香飘飘》和《摇篮曲》的MV，使美人、美景、美歌浑然一体。主打歌《香飘飘》，由《猪之歌》的词曲作者毛慧为她度身订造，这无疑使《香飘飘》成了地地道道的"香香之歌"。从此香香摇身一变，由原先的"网络小天后"转变为"音乐小精灵"！2006年底，香香演唱的韩剧《浪漫满屋》中文版主题曲《命运》，首发当日，即被众多"香迷"疯狂下载，直迫中国首发榜冠军位置。《命运》与《一盆眼泪》一起，成为香香成功转型的标志性力作。表明"音乐小精灵"已从一个清纯可爱的小女生逐渐走入了成熟性感女性的行列。

从前受到唱片公司合同约束的歌手或音乐制作人，现在可以跳过大的音乐集团公司或唱片公司，通过网络技术将自己的歌直接发布给大众，而不再需要制作唱片发行。随着这种产业链的改变，像中国原创基地、分贝网等这样致力于对网络歌手的包装与推广的原创数字音乐网站随即应运而生，降低了行业的门槛，更加趋于大众平民化，把大众与音乐的距离再次拉近，只要是心怀梦想的音乐爱好者，都可通过原创音乐网这个平台尽情抒发。

签约苦练"内功"

香香告诉记者，签约后的生活内容就是录音、练歌、上形体课、去健身房，还要出席很多活动。"我最大的问题是肺活量小，唱歌底气不足，所以公司对我加大这方面的训练，"香香解释，"本来为我开设了钢琴课，但最近太忙，实在没时间上。"

飞乐唱片公司的陈小姐说，香香是个实力派唱将，公司与其他网络歌手签约主要是冲着他们的原创能力，但香香是例外，她是凭高超的唱功和公司签约的，"我们没有给她开设声乐课，因为担心香香失去原先的个性、特点。"香香说对现在公司的生活很满意，"我现在很多花费公司都给报销。我还没有给公司挣钱，公司目前只是对我投入和大笔砸钱。"

《猪之歌》成发展第二站

《老鼠爱大米》火了后，飞乐唱片总裁钟雄兵发现香香没有属于自己的原创歌曲，一直都是人红歌不红，便决定为香香创作属于她个人的网络歌曲。这时，新锐网络创作音乐人毛慧的《猪之歌》进入了钟雄兵的视线。《猪之歌》在网上首播后，传播速度甚至超过了《老鼠爱大米》。随后，飞乐唱片为香香推出了首张专辑《香香·猪之歌》。据了解，专辑《香香·猪之歌》首发销量便高达50万张，创下了新晋歌手首发专辑的最高记录。

　　从网上走到网下,从随便哼哼到正式签约唱片公司,香香对于未来很懵懂地说"不知道"。在她看来,网络歌手与一般的正式歌手没什么不同,如果一定要说有什么差别的话,"那就是,网络歌手是先有群众基础,而传统歌手是先通过媒体压下来"。

　　谈起"网络",她十分兴奋,甚至夸张地说:"我觉得是我的再生父母。"她说,一旦有新歌还是会先放到网络上。她对于自己将来怎么发展只能说出一句"力争保持个性",至于其他的"我也不知道该怎么说"。

第二章　用智慧创造非凡人生

人物传奇

　　美女,尤其是高智商美女,是许多人追捧的对象,走到哪里热情指数都会急剧增加。美貌可以通过众人的眼光来评判,但是智商如何界定呢?杨冰阳,一个不仅有着明星般的容貌,同时也"霸占"着令常人羡慕的高智商的女孩;曾经的天涯社区十大美女之一、猫扑形象代言人,现在的情感分析专家、多栖艺人。这诸多看似风马牛不相及的身份,在一个80后女孩身上是如何演绎的呢?

第一节　走近人物

个人简介

　　杨冰阳,网名ayawawa,又名145、小天女,1983年1月7日出生于四川省自贡市,毕业于西南师范大学独立学院。演艺、专栏写手、平面模特、主持人和演员。2005年开始走红,猫扑红人,天涯社区十大美女之一,情感分析专家,多栖艺人,Mensa(门萨)会员,曾经担纲腾讯世界杯美女主播等。为《全视界》、《现代女报》、《大学生周刊》等多家报纸杂志开过专栏。曾出版文学作品《恋爱厚黑学》、《我和幸福有个误会》。

个人经历

1998年，开始接触网络。

1998年7月进入高中学习，只爱看书，于是造成600度近视。

2001年考进西南师范大学学法律，开始用ayawawa的ID混迹猫扑论坛，之后用小天女的ID抢滩天涯社区，混迹BBS。凭借清新靓丽的形象和高活跃度，迅速成为mop和天涯社区知名网友。

2005年签约mop成为其首任形象大使，亦被百度搜索引擎评为2005年度十大网络红人之一。被猫民称为"猫扑女神"。同年成为职业平面模特，发单曲《握紧你的手》，同时将博客搬家至新浪，帮新浪赚了无数点击。

2006年来京，担任德国世界杯网络直播主持人。

2007年担纲腾讯女足世界杯美女主播，为《大学生周刊》、《新民BELLA》、《新京报》等多家报纸杂志开过专栏。

2007年加入国际高智商俱乐部Mensa(门萨)，拍摄DV《十面埋妇》。

2008年出版作品《恋爱厚黑学》，拍摄电影《瓶凡》。

2009年与另一门萨会员结婚并育有一子。定居天津。

2010年出版作品《我和幸福有个误会》拍摄风靡网络的《宅居动物》。

第二节　靠美貌出位　靠智商立足

学生时期

Ayawawa父母眼中的乖乖女,同学口里的乖"娃娃",写文章换钱买书,偶尔上上网发发帖子或者和仇人死掐。

从小学开始发表作品,Ayawawa现在也搞不清楚自己究竟写了多少文字。最遗憾的是在上高中,学的是理科,只得弃文从理,把文字欲像初恋一样深深地埋在心里。终于上了大学,专业却是法律,幸运的是自修课很多,于是,有大把的时间看书或者跑到网吧写文字。

> ### 《恋爱厚黑学》语录
>
> 　　一个男人,他要足够喜欢你,他才会风雨无阻地来见你,才会无时无刻地惦记着你;一个男人,他要足够喜欢你,他才会珍视和重视你的青春,才会怜惜你那些小脾气小心思小手段;一个男人,他要足够喜欢你,你的发嗲他才不会觉得肉麻,你发怒他也不会厌烦。

嘈杂昏暗的网吧里,有人用耳麦吵架,有人和网友视频聊天,有人昏天黑地打游戏,这样的时候最适合写柔情蜜意的东东。Ayawawa说,这个时候,我只能够把写作当成打游戏,这样才不会影响其他人的游戏兴趣。

见女儿这么辛苦地跑到网吧占位置写文章,这个暑假妈妈终于忍不住给她买了一款超薄的东芝笔记本,虽然是九成新的二手电脑,不过,娃娃还是很兴奋——"以后可以拎着随便找个角落写东西,好爽!"

其实,最欢迎Ayawawa多写文章多投稿的还是她的那些死党——稿费来了,一经举报,人人都有零食可吃。但是,这家伙总是很懒,要么

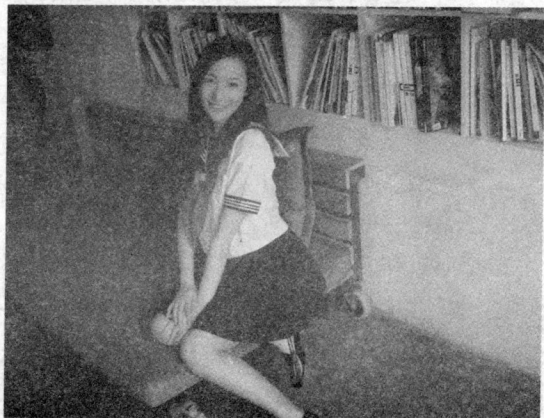

没有钱用了,才赶快弄几篇稿子出来,要么是编辑约稿子催得厉害,才会"发奋图强"。

有一次,一家电脑类报纸需要啊呀娃娃写一个小说拿去做噱头,逼她一下午写3500字。写到头都发涨了,于是,恶向胆边生,差点动手把网吧的电脑给毁了。还好,完工不久,很快拿到几百块稿费,于是,一路小跑到书店,狠狠地买了一捆书回去,躺到床上心满意足地啃个昏天黑地。

Ayawawa曾经很想当一个作家,看看书,写写文章,她觉得这样很清闲、自由,而且没有压力。但很快有朋友警告她说,看看现在的美女作家,动不动就被人拉出来一顿臭骂,何苦去遭那个罪?于是,当记者询问她将来的理想时,她想了很久才说,"等美女作家不挨骂的时候再说吧。"课堂上的Ayawawa内向而安静,骨子里的反叛和个性总让她不时有惊人之举。

上高中时,学校校风挺严格,女生都小心翼翼地把自己裹起来,只有她一个人穿吊带。现在别人提起她,只要说高三那个穿吊带的,大家就心领神会。爸爸妈妈在党政机关上班,管也管不了,于是警告她:别穿到单位来找我!每当别人问起为何总是穿吊带,她的解释是:身体散热机能不好。然后一笑而过。

在大学评选校花时,啊呀娃娃还闹出过一场小小的风波。在网上投票选举中,Ayawawa拥趸众多,她的投票数字一度遥遥领先,结果不知怎么的,有人居然直接封了她的投票页面,后来,得到主办方的解释是,投她票的人数太多太快所以系统自动封闭。选美的结果当然只能听天由命,不过说起当选的校花,啊呀娃娃还是很佩服,"她很漂亮,还会拉小提琴。我只会写文章,才艺表演的时候,难道让我学曹植上台写'七步诗'?"

有朋友说,如果Ayawawa再长高

《恋爱厚黑学》语录

择偶好比一场舞会,你不进场早,而是想着打扮到最后一刻才惊艳出场,只怕那时所有男士都已心有所属了,最终只能黯然离开。幸福看似很随机,但是始终掌握在自己手中。如果不懂得冒着势利的罪名及时抛掉垃圾股,就不会有幸福的生活。

10cm，她一定会选择做T台模特。其实，尽管和职业模特相比有差距，Ayawawa总要寻找舞台秀出自己。

模特：有形就秀

Ayawawa的哥哥是化妆师，在老家自贡一家影楼兼职。大一寒假，哥哥鼓动她去影楼做模特，娃娃觉得自己不好看，但万般无奈只好去了，结果摄影师居然说她很上镜，把她美得不行。

长期在网上飘，偶尔发发自己的照片，Ayawawa很快被重庆摄友网和摄影部落这两个重庆知名的摄友论坛收罗到旗下，做网站模特。在周末或者假期的时候，出外景，拍一些照片。拍外景当然不轻松，有时候一天拍下来POSE摆得人都差点傻掉。

Ayawawa皮肤不够好，一般摄影师会打很多粉，粉涂在身上特别的难受，非常憋气。照Ayawawa的脾气，多少有点受不了，不过，想到会提高一点气质，女孩子不能老被人骂没气质啊，于是，又忍气吞声。

入选代表青春活力动感的全国十大mzone人，为江苏数字电视靓妆频道做过模特，还在北京一家影楼做婚纱模特，Ayawawa就像网络上那个叫"啊呀娃娃"的小程序，性格开朗，想做就做，不管遇到什么，都会开心地大声唱歌，"红豆，大红豆……"

> **《恋爱厚黑学》语录**
>
> 你要找到现阶段里最适合你的人，然后在考验没有来临之前，请你始终相信他会无比的爱你，会一直紧紧握住你的手。因为天灾人祸的几率，毕竟只是万分之一，不要为了万分之一，而怀疑那万分之九千九百九十九。

以聪明与漂亮宣战

啊呀娃娃刚开始上天涯社区的论坛时，一个姐妹告诉她，要在天涯出名，要么会骂人，要么被人骂。当然，像竹影青瞳那样发裸照，实属下策。网络上，张狂的人多了。张狂并非成为网络英雄或红人的通行证。但"比我漂亮的都没我聪明，比我聪明的都没我漂亮。"这句名言掷地有声！因为网上的美女资源，实在是稀缺得紧——不见得是自然形态的稀缺，而是大家都匿名着潜伏着谁也看不见谁是美女或恐龙。

刚开始，啊呀娃娃只是小心翼翼地发自己的文章，偶尔贴一两张自己喜欢的照片上去。娃娃的文字很快受到网友的好评，同时，责骂的声音也出来了。刚开始大家还就事论事，就她的文章谈文章，后来，干脆演变成了反对派和支持派的掐架。面对责骂，杨冰阳不仅不反感、不收敛，支持和反对者越多说明她在网上越红，为了进一步提高自己的人气，她索性将自己的签名改为："比我漂亮的人都没我聪明，比我聪明的人都没我漂亮。"

果然，杨冰阳的这种目中无人的话语引起了极大的反响，虽然啊呀娃娃自认"天涯比我好看的如过江之鲫"，那时，网上支持者和反对者的帖子在迅速飙升。一些支持者说杨冰阳是天涯社区十大网络美女之一，不仅如此，支持者还将她的照片四处转发；反对者则抨击她"眼睛小、鼻子塌、嘴巴大、扁平脸、没气质、文章是中学生水准还要出来显"，甚至还"雇"人骂她。啊呀娃娃实在忍受

不了就报告管理员，马上又被定性为"用色相勾引管理员"。更惨的是她的图片，被人PS得面目全非，甚至连个性签名和卡通头像也被PS出上百个版本，变成猥亵男还有正在打官司的赵老师。而她的卡通头像的比基尼背面，也被人把背后带子PS掉，变成背部全裸。

> **《恋爱厚黑学》语录**
>
> 倘若男主人公的女朋友不是现在那么漂亮，男主人公会还是那么喜欢她吗？当然不会！女人选择丈夫的时候，一定是要有安全感的；而男性选择配偶的时候，一定是要挑选基因优质的。这是人的动物性，你没有办法去逆规则而行的。无论女性男性，都需要尊重规则，尊重进化论。

起初啊呀娃娃还要反击，不过后来发现对方光脚的不怕穿鞋的，自己越骂越吃亏，于是偃旗息鼓，看书写文章去了，不过，写好后依然贴在天涯的论坛里。支持也好，反对也罢，杨冰阳都不在乎，她只希望自己能在双方的交战中，坐收渔利，那就是迅速成名。事实也是如此，杨冰阳的言行让其很快成为天涯社区的热点人物。看到自己在网上的人气，杨冰阳内心窃喜不已，她开始思考更大的成名。

拿名人说事体现高智商

2002年，她又进入猫扑网，在张曼玉的一个"粉丝"帖内发表评论，说张曼玉难看，一时间张曼玉事件被炒得沸沸扬扬。张曼玉事件开始让杨冰阳从网络人气美女进入大众网民视野。名气大了后，一些广告商主动找她洽谈代言，她欣喜接受。与此同时，她一直活跃在天涯、猫扑网站，美貌与智慧并重的她，在网上摇身成为一个"思想上的痞子"，任何大明星在她笔下都难免被"批评"得一塌糊涂。

让杨冰阳人气高速攀升，她的照片，在各大网站被网民以惊人的数量点击、下载，时常被商家盗用出现在各类广告上，找她签约的商家逐渐增多。

网上出没的强人和鼠辈太多，有的很好很强大，有的很傻很天真，有点呈乱世草莽之态势。能在此中突围而出成为网上名人的，通常总是凭着某方面特长。而ayawawa,据悉很大程度上因为她"嚣张"的一句话——"比我漂亮的都没我聪明,比我聪明的都没我漂亮。"令爱的人狂捧,恨的人狂贬。

如果说,对于漂亮这么一个带有主观倾向性的指标我们无法为读者确认,那么,她的智商水平,倒确实是得到了科学体系的认证的。她加入了世界上历史最悠久、最知名的高智商俱乐部之一的门萨俱乐部,而这个俱乐部是以智商130为门槛,必须通过英国总部的考试才能够加入。虽然她笑着说,加入门萨就是为了给自己找个聪明的男朋友,这至少说明了她的"聪明"是有一定产品质量保证的。

雅典:一只名气窜升的猫

啊呀娃娃一直忙着给猫扑网站写她的雅典经历,动不动就写出上万字。那个夏天,猫扑网站出钱让她和另外两个mopper组成猫记团代表免费到雅典看奥运。这样的好事轮到啊呀娃娃身上,搞得好多mopper至今愤愤不平。

猫扑早期是一个游戏站点,很多著名的游戏界业内人士早期都混迹在这里,现在演变为一个大型的青少年门户网站,据说大学生的比例占到60%。啊呀娃娃的初衷是在网站里做一只入乡随俗、老实本分的猫,偶尔发发帖子,发发牢骚。

> **门萨(mensa)**
>
> 是世界顶级智商俱乐部的名称,于1946年成立于英国牛津,创始人是律师贝里尔和科学家韦尔。他们有意为聪明者建立一个社团,通过充满挑战性的社团活动而使参加者的高智商获得承认和不断提高,并分享彼此的成功。该俱乐部最大特色为以智商为唯一入会标准。

2004年6月,网站发了一个征集帖,征集会写文章,会摄影和有BT思维(跳跃性思维)的mopper代表mop去希腊采风。这三项都是啊呀娃娃拿手好戏,于是她小心翼翼地留了个名,没有想到,几天后,网站公司市场部竟然通知她去办护照。

整整欣喜了一个多月，终于到了雅典。她们这个助威团被安排观看的是中国男篮对新西兰那一场比赛，除了声嘶力竭的呐喊，啊呀娃娃和所有中国观众一起，把一面巨大的国旗像接力棒一样在赛场传递。比赛中，不负众望的姚明一人独得38分，几乎力挽狂澜地赢得了这场比赛。旁边一位新西兰老太太每看见自己的队伍输一个球就大叫一声OH,SHIT！这样得来的最后胜利让啊呀娃娃感到很过瘾。

白天看比赛拍图片，晚上赶稿子发到网站上，啊呀娃娃不少文章后面都跟了近百个帖子。就像姚明的名气随着火箭窜升一样，啊呀娃娃也成为一只名气窜升的猫。然而，这只猫给同行者留下的最大印象却是：她一顿饭居然能够吃下其他三人的总和！

历史古迹、海岛风光、波涛帆影，在雅典，一切都如梦幻般呈现在眼前。"……晚上，大家写完了稿子，就一起去游泳，爱琴海的水很温暖，浪花细细，水色清澈见底，沙子有点咯脚，但是走起来感觉很真实亲切。夜景十分撩人，海浪温柔地拍打着岸边，一片波光粼粼，远处的灯光形成一个美丽的环，闪烁不定。没有高大的建筑物，白天天空格外的明净，晚上的星空也异常清晰。"

啊呀娃娃说，当她写到这里的时候，差点产生一个罪恶的念头：把笔记本换成现金，加上自己的学费生活费，跑到雅典做一只自由自在的流浪猫。

第三节　抛开网络的事业

节目主持

开播一年来火爆荧屏的星空卫视王牌脱口秀《lady呱呱》日前迎来新一轮改版，三位行业精英组成的"天后团"阵容加入《lady呱呱》。新天后团三位美女分别是：情感专家杨冰阳、资深经纪人燕子、演员孟茜。加之众多争议嘉宾如苏紫紫、刘云超、干露露、刘诗涵、马睿菈等也助阵lady呱呱，栏目点击已迅速破亿。

改版后的《lady呱呱》将以话题为主导，区别于其他明星访谈类脱口秀栏目的是节目将从时下比较流行、敏感、热辣的话题入手。她们在节目中将多角度观察谈话过程中产生的丰富资讯，以辛辣的观点，真诚的态度，说女人想说的话，讲女人想听的事，给观众耳目一新的感受。

作品简介

《恋爱厚黑学》内容简介

在我们年轻的时候，总以为爱一个人是件简单的事，被一个人爱也是件容易的事，以为爱情就像牵手一样简单而又单纯，你爱我，我也爱着你。然而成熟后却发现，爱情并不是那么简单的事，甚至不是两个人的事，不是你情我愿的事，不是男才女貌的事……在恋爱这场游戏中，我们要面对更多的挑战以及人性的无奈。

> **猫扑网简介**
>
> 它的雏形是猫扑大杂烩，是一个具有一定影响力的简体中文网上论坛，于1997年10月建立，2004年被千橡互动集团并购。2012年，猫扑资产已划归至新子公司美丽传说，它已发展成为集猫扑大杂烩、猫扑贴贴论坛、资讯中心、猫扑Hi、猫扑游戏等产品为一体的综合性娱乐互动平台。许多网络词汇都源于此，是大陆地区影响力较大的论坛之一。

所以，如果要有一个好的爱情，就从二十几岁开始吧，二十几岁是女人一生择偶的黄金时期，而到了30岁、40岁，无论是生理还是心理都渐渐不再活力，于爱情的选择上已经没有了优势。在错误的时间遇见谁都是错的。

> **《恋爱厚黑学》语录**
>
> 实际上，在一个男人没有稳定的社会身份之前，他所能找到或者说所能接触到的异性和之后的异性是有很大出入的。如果他没有很强的责任心和良心，很可能会在浪费你的青春之后突然换一个更符合他现在身份的伴侣。

恋爱不是做加法，而是做乘法，一个女性的最佳选择，就是有一个好的生活和一个好男人，那样才能把幸福最大利益化。

《我和幸福有个误会》内容简介

每个女孩都想找到属于自己的白马王子，但感情路上女孩子远要比男孩子坎坷许多。从这一点上来说，这本书实际是在力图帮助女孩子们作出更优的选择。作者对遭受情感困惑的读者来信进行解答，希望能帮助年轻男女少走些弯路，用最短的时间了解和理解爱情的本质。虽然一本书不可能让你拥有幸福，但至少会让你少些缺憾，多些完美，离幸福更近一些。

第三章　网络"生"出个公交妹妹

人物传奇

　　她,曾经是一个美丽的传说,流传在这座城市的公交线上,无数红男为她魂牵梦萦;有人说她眼神里溪水般明静动人;有人说她甜美的笑容让人如饮甘霖;有人会为了等她的那班车,放弃休息,放弃应酬,放弃迟到的约会;而如今,她是一个动人的故事,故事里有感人的悸动。

第一节　走近人物

个人简介

　　蒲娟,1985年10月12日出生于扬州,专科毕业。是扬州4路公交车上的售票员。2006年8月,被称为"扬州公交MM"的她在网上迅速蹿红,网络上走红的她在当地也引起了不小的轰动,以其清纯,可爱,美丽著名。很多人为了见她一面,都来坐4路公交车,拿着照相机不时偷拍,蒲娟对此大多付之一笑。很多星探找到蒲娟,希望跟她签约,但蒲娟都拒绝了,因为她和她的母亲的一段情结(她母亲也在其公交公司工作,后不幸去世)所以蒲娟仍然是一名普通的公交售票员。2008年下旬,蒲娟离开公交4路,在扬州个园做了一名导游。

走红过程

　　2006年8月初在扬州流传着一个关于4路公车上美丽售票员的传说。随后公车美丽售票员的照片出现在扬州地方网站,网友开始关注。

　　8月10日网友将其照片转发到新浪杂谈,帖子两天点击突破23万,新浪网友亲切地称她为公交MM。

　　随后电视台采访了公交MM,继而开通了新浪博客并亲自在新浪论坛发帖与网友交流,公交热火速升温。

　　再后来网友豌豆仙子为公交MM写歌《8月里的一场纯洁》,并有网友为其制作了flash动画。她由新浪杂谈红透整个网络。

　　9月9日公交MM新浪聊天,与广大网友现场交流。

　　9月20日公交MM做客凤凰卫视《戈辉梦工场》,与广大电视观众交流。成名之后竟有乘客为看她绕路挤公交4路车。

　　一个多月前,这个由扬州开往江都的4路公交车售票员还是一个默默无闻的普通女孩,而时至今日,她已成了一个蹿红于各大网站的名人。昨天下午4点,在"google"里输入"公交MM",可以得到357万个搜索结果。

　　用"梦"作解,对于一些女孩来说,这可能是一场梦寐以求的"明星梦",但对于22岁的浦娟而言,这不啻于一场"噩梦":借助网络,公众粗暴地闯进了她平静的生活,给她带来了无穷尽的困扰。网络成名后给她带来惊喜和烦恼。

第二节　网络走红引发公交MM现象

莫名其妙成红人

那晚6点26分,一篇名为《我抓拍到了传说中的公交MM》的博客出现在了这个网站上。这篇网文同时贴出了三张照片,照片里出现的就是浦娟。

"我平时工作忙且累,很少上网,我照片当时被贴出来,我完全不知道。"浦娟回忆,事后,她仔细理一下这个事情,才发现,早在自己的照片被贴出来之前,网络上就有关于自己的文章。

"那是在今年上半年发的一个帖子,应该是发在'扬州热线'网站的论坛里。"浦娟说,"发帖者说想认识我。"浦娟怀疑,正是之前的这个帖子引来了后面的这个博客,才有了"传说中的公交MM"这一说。

7月19日的一组"扬州公交MM"工作照在网上受到了空前的追捧。贴在网上的图片上,浦娟坐在公交车里工作,清秀的面容、淡定的神情引起

艺术才华网络红人

依靠自己的艺术才华获得广大网民的追捧。他们大都数是草根，非科班出生，没有接受"正规"的训练，依托其非同一般的天赋和在兴趣支配下的自我学习，从而在某个艺术领域形成了自己独到的特点。他们通过把自己的作品传到个人网站或者某些较有影响力的专业网站上，由于他们在艺术上不同于主流的独特的品位，逐渐积累起来人气，拥有某个固定的粉丝群。

了网友的好感。尽管在跟帖中，有人反复呼吁"拜托各位喜欢她就不要去打扰她"，但在网络上这句话说了几乎等于是没说。一时间，浦娟成了各大媒体和公众关注焦点，除扬州媒体争相报道外，凤凰卫视《许戈辉梦工场》、湖南卫视《快乐大本营》、山东卫视《网络春晚》、新浪网《新浪聊天》等全国知名媒体也纷纷邀请她做客。同时，一些经纪公司、星探、商业媒体也向她招手。网络走红在带给她惊喜的同时，也平添了不少烦恼。

事情很快就引起了当地平面媒体的注意，当地的晚报和广播电视报相继对她作了报道，并且将她的生活照搬上了版面。浦娟说，直到广播电视报的记者联系到自己想做采访时，她才知道自己的照片被到处传播，自己莫名其妙突然成了一个名人。

扬州当地电视媒体以"公交MM现象"为主题做了一档节目。本月中旬，一个域名为"yzbusmm"（扬州巴士妹妹）的主题网站出现了，网罗了与公交MM相关的文字、图片甚至是影像资料。一场网络造星的运动在此时达到了极致，但是浦娟本人就像个局外人，旁观、甚至是忍受着这一切。

"面对突如其来的走红，当时不知怎么办才好，一个普通的女孩，一下子被推到风口浪尖成了大家关注的焦点，非常不适应也不喜欢。"浦娟说，成名之后，非议之声也出现了，也看到不少流言蜚语，网络上也有攻击她的言论。浦娟说，"网上有人说我想出名，要进军演艺圈、从事商业活动挣钱之类的，其实整件事我从头至尾都不知情，我觉得很冤。"浦娟说，"虽然网络给带来了不少困扰，但我还是真的很感谢网络，它给了我成名的机会，也使我交了许多朋友，让我有段不平凡的经历。"

让美丽传承

她,曾经是一个美丽的传说,流传在这座城市的公交线上,无数红男为她魂牵梦萦。有人说她的眼神溪水般明净动人。有人说她甜美的笑容让人如饮甘霖。有人会为了等她的那班车,放弃休息,放弃应酬,放弃迟到的约会。

而如今,她是一个动人的故事,故事里有感人的悸动。

开始,我还不知道这段深藏在她心底的往事,偶尔的机会听她讲自己的身世,我才终于明白她为什么总是那样恬静地坐在售票员的位置上。安静得像一朵寂寞花,又执著得像一眼永不枯竭的清泉。

她在那里,就像一汪美丽的深潭,除非你鼓起万分勇气,用纯净的心靠近。这个位置曾经属于她的母亲,而她的母亲为了这个岗位在她9岁那年献出了生命。也许当年,她的母亲也是这般美丽。就在那个不起眼的角落,她们把最美丽的人生真实展现。

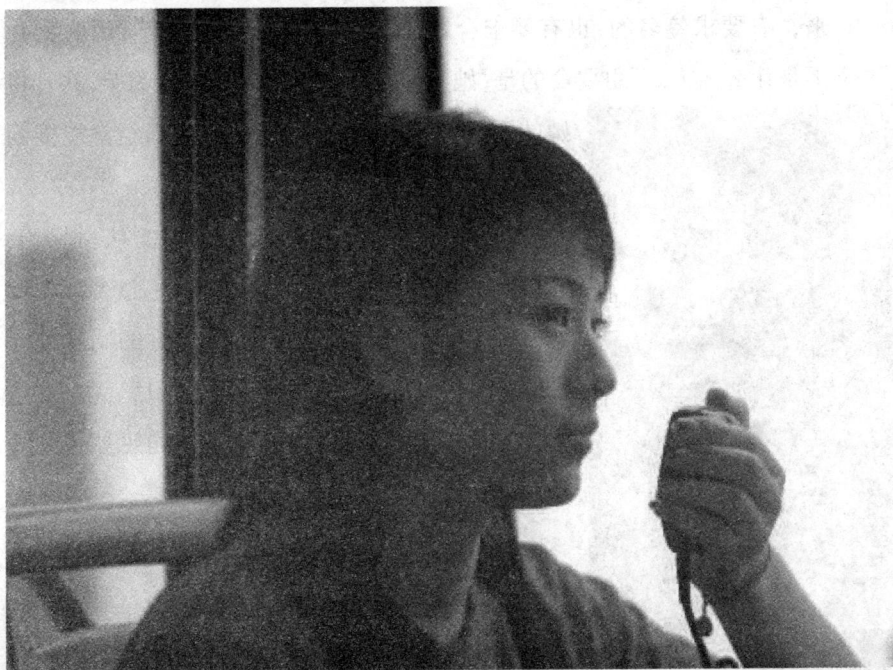

名人效应

是名人的出现所达成的引人注意、强化事物、扩大影响的效应，或人们模仿名人的心理现象的统称。已经在生活中的方方面面产生深远影响，如名人代言广告能刺激消费，出席慈善活动能够带动社会关怀弱者等等。它相当于一种品牌效应，可以带动人群。它的效应可以如同疯狂的追星族那么强大。

4路车跟着出名

扬州广泛流传着的一个说法：有很多人为了看浦娟一眼，不惜去挤浦娟工作的那辆4路车，因此她所在车辆每天的营收比平常要多出几百元。

浦娟否认了这个说法。她说这趟车收的钱并没有多起来。但确实不乏一些好事者来坐她的车，偷偷拍照、借机搭讪者也不乏其人。"曾经有两个年轻的乘客，就站在我的旁边，大声说着公交MM的新闻和传闻。"浦娟当时没有发难，但是自己的感觉"怪怪的"。"那是种说不出来的感觉。"浦娟说，自己讨厌被别人"研究"的感觉。

而浦娟确实成了一个名人，她逛街时走在路上竟然会被别人认出来，"有要求签名的，也有要求合影的，但我基本上都会拒绝，因为我并不是什么名人。"更要命的是，她身边的一些人都以认识她为荣，并且将她的手机号码向外传播。因此，浦娟经常能接到陌生人的电话。

"来电的基本上都是男的，也有女孩，很搞笑的，他们打进电话会说，请问你是公交MM吗？你好，你不认识我，但我认识你，我是你的同学的朋友的什么什么人。"在这类通话的最后，无一例外的全是要求见面，浦娟常常被这些电话搞得哭笑不得，最后不得不换掉了手机号码。

在这过程中，非议之声也出现了。浦娟现在对网络有着复杂的心理，她想知道关于自己的事情，公众到底已经走向了什么方向，但她又害怕网络

上的流言蜚语。"网络上有攻击我的言论了，"她说，其中一部分攻击她"长得也不过如此"，另一部分则将整件事斥之为无聊的炒作。浦娟说："整件事我从头至尾都不知情，我觉得很冤。"

形象大使

一般指的是具体人物或者组合的团体，在某种程度上类似于各国的使节，但又不尽相同，他们在政治经济文化方面面都有涉及。起着重要的推广与宣传作用。形象大使与企业、机构、事业单位、政府的相关组织进行合作。依托大使本人较强的社会影响力与人格魅力为所代言的单位或者活动开展相关的推广宣传工作。

记者暗地跟车采访

买票时，一名男青年在明知道自己有零钱的情况下，掏出一张百元大钞要求浦娟找零。浦娟的表情有点不自然，但仍以微笑对之，仔细找零。车到扬州汽车东站时，车上已经座无虚席。一位抱着小孩的女乘客上了车，浦娟连忙将售票席的座位让给了那位女乘客。

"一趟车往返45公里，单程30个站。"浦娟耳熟能详，她是去年7月份进入公交公司做售票员的。"我是4路这条线上年纪最小的售票员。"浦娟事后想想自己被关注可能就是因为自己年轻，而且从事着一般人看来都是中年妇女才从事的工作。她三年前从一个中专毕业，在上海做了两年的文员、前台工作后，回到了家乡江都。"到公交车上做售票员，我不仅有生存上的考虑，更多的是情感上的。"

只要一提到她的妈妈，浦娟的眼圈马上就红。"我的妈妈也是售票员，也是在4路线上工作，我9岁那年，她去世了。"浦娟当时年纪小，只知道那天是清明节，她妈妈替别人代班，因为司机的违章驾驶不慎被甩出了车外。

浦娟现在和外公外婆一起生活。两位老人没有生活来源，家里的开销她要承担大部分。"我一月1200元的工资，我要拿出1/3给外公外婆做生活费。""网上有人说我要进入演艺界，要参加商业活动赚钱，都不是事实。"浦娟说，自己并没有所谓的经纪人，更没有为了出名而炒作，"我现在想的,就是做好我的售票员工作。"她比以前更加努力地工作,因为她怕所谓的名声会带给自己麻烦。1200元的工资在当地是不错的收入,蒲娟背负着家庭的重担,她小心翼翼。

蒲娟说:"其实我是一个懂得自己想要什么的女孩,什么该要,什么不该要,我都很清楚。那时候有不少经纪公司、星探公司想捧我进演艺界,拍商业广告之类,但被我拒绝了。拒绝了拍电影一举成名的机会,因为那不是我所想要的生活,其实那种看上去光环四射、万人瞩目的明星背后有很多不为人之知的辛酸。我觉得自己就是一朵很平凡的默默无闻的小花,美丽光环环绕的生活不适合我,我喜欢平平淡淡的生活。我还是希望网络上多一些真善美,网络成名只是给了自己一次机会,自己应该利用好这些机会去多做一些有意义的事情,而不是一味哗众取宠,娱乐大众。"

第三节 网络走红改写了她的人生

人生新一页舞台更宽广

网络给了蒲娟成名的机会,也给她带来了更宽广的人生舞台。成名后的蒲娟有很多的路可以选择,进军演艺圈、拍商业广告等,但她拒绝"设计",坚持做自己。成名后,蒲娟还是一样在4路公交当售票员,每天热情地与每个过往乘客打着招呼。清秀甜美的笑容、淳朴善良的性格、认真工作的敬业精神、淡定从容的气质,让她博得了大家的好感。这5年来,她的人生轨

迹也随之改变：2006在扬州公交4路车当售票员；同年8月，被称为"扬州公交MM"在网络走红，还当选为2006年扬州十大新闻人物；2007年，江都旅游局、扬州旅游局向她发出了邀请，经过慎重考虑她接受了"江都旅游形象大使"、"扬州旅游网络形象大使"这两个代言。浦娟说，因为都不是商业活动，都是公益的，自己没有拿一分钱代言费，就想为家乡、为社会多做点事。

　　2008年10月，浦娟进入扬州个园工作，她的人生又打开了崭新的一页。浦娟表示，虽然离开了公交，但现在的工作还是从事服务，只不过是乘客换成了游客，我会一直认真努力地做好本职工作，业余多看书、学习，为自己充电。自比以前，浦娟说，"我会做得更好，不想被人说成是'花瓶'，我要用自己的实力去证明自己。"2008年江都公交公司还推选她代表公司担任北京奥运火炬手；2009年参拍电影《徐兆华的故事》，在里面饰演徐兆华的"干女儿"。

渴望一份平淡的爱情一个幸福的家

对于自己的新工作,浦娟感到很满意。她现在在对外营业部主要负责历史街区的招商工作。在这里工作虽也有压力但很开心,因为这是一个温暖的大集体。回顾曾经的公交售票员经历,她表示,当时工作那么辛苦,每天四五点就要起床,一天要工作12小时,那么艰苦的工作都能做下来,还有什么工作做不来。她相信,生活就是先苦后甜,这样才懂得珍惜。

关于爱情,浦娟说:"这5年来变化还是很大,从网络成名到现在趋于平淡,自己也成熟了很多。当然,看到身边的朋友和同学都已经结婚生子,自己有时还是有点落寞。因为父亲最大的心愿就是想看到我早日成家,我要努力去实现,现在的我要的就是有一个幸福的家、一个疼我的老公,一个可爱的孩子,一个真心的朋友,一份快乐的心情。"

第四章　义乌最年轻的超级网商

人物传奇
　　从大学女生宿舍到公司女白领的办公桌，常常能见到形状各异、色彩缤纷、造型时尚的收纳盒。女生喜欢把小物件分类摆放整齐，这种收纳盒是她们收藏心爱之物的"百宝箱"。但或许她们并没有想到，她们用的大多数收纳盒都来自于义乌的一家网络批发商。这位批发商和她们年纪相仿，所以也最了解她们的需求，他就是周俊杰。

第一节　走近人物

个人简介

　　周俊杰，1985年出生于浙江金华，2007年他注册了淘宝网店，经营女性化妆品和日用品。不久后，他和女朋友一起将网店从金华搬到义乌。在没有任何家庭背景、社会关系甚至专业财经知识及企业管理经验的前提下，他用了三年时间，将年销售额从零做到了5000万元。

人物经历

　　这个长着娃娃脸的高个子大男孩让人很难将他和年销售额达5000万元的淘宝超级卖家身份联系在一起。后来了解到，他的人生轨迹也一如他

的外表一般简单,从大专毕业后进入国企到开淘宝店,再到辞职后专职做淘宝批发——就像百米跑道上的运动员,一秒也不停地朝着目标猛冲。

这是一个草根通过淘宝网店创业致富的奇迹。

淘宝网最大的资源是两亿买家,义乌最大的资源是无数低价小商品,周俊杰打通了这两者之间的环节——把商品资源换成市场资源,又通过淘宝网店换成了客户资源。他创办的远洋贸易网是淘宝首家美容用品批发网店,达到了三皇冠(交易数在5万笔以上),后来又发展成全国最大的网络批发商城之一,每天发货近500件,租用了八千多平方米的大型仓库,有三千多种产品库存,网站的营业额超过了义乌绝大多数实体批发商。2010年12月,义乌江东电子商务协会评出义乌市"十大网商",周俊杰榜上有名。

第二节　草根的网上创业之路

第一笔淘宝生意赔了48块钱

2006年周俊杰大专毕业,经过几个月努力,终于找到一份在别人眼里还算不错的工作——金华市发电站,属于电业局的下属企业。单位领导看他工作努力,一年后便把他调到办公室当科员,上班时间从三班倒改成正常班,每个月可以拿到四五千块钱工资,日子过得很轻松。

周俊杰自述创业经历

有一次和朋友一起吃饭，他告诉我他正在做淘宝，比上班挣的一点也不少，但也有风险。我被他说动了心，晚上到家，就抱着试试看的想法申请了一个淘宝账户：远洋贸易商行。没想到，这个偶然决定的名字，一直跟着我走到了今天。

关于网购我一窍不通，甚至平时也不在网上买东西。但既然开了网店，就想把它做起来。所以每天除了上班工作，剩下的时间就一个人坐在电脑前研究淘宝。我上传了二十多件产品图片，半个多月过去，却没做成一笔生意。到底是哪里出了问题？为什么别人能卖得出产品，我却卖不动？

我觉得还是要从产品入手。正好淘宝推荐热卖的一款眉笔，我就把图片传到了我的网店。第三天午夜1点多，我正盯着电脑屏幕发呆，突然有人问我，说要买48支眉笔。我高兴坏了，你来我往讨价还价一番，以单价一块五成交，他终于付了款。他要求我明天必须发货，我答应了他。

深夜两点，我躺在床上睡不着，到哪里找货呢？第二天一大早，我和女朋友分别联系了几个做淘宝的朋友，他们都说没有在卖。我想干脆自己去买吧，金华这么多卖化妆品的小店，不信找不到。当时我是一个外行，不知道距金华开车只要半小时路程的义乌差不多可以买到一切小商品。那天我拉上女朋友跑遍了金华的市场，直到晚上6点多，终于在城西一家小店发现了那款眉笔。我松了一口气，但老板一开价，两块九一支，又把我打击了。我女朋友说，算了，不买了，回去把钱退给买家。我说不行，这是我们的第一笔网上生意，无论如何要讲诚信。我跟老板磨了半天，终于把价格杀到每支两块五，买了120支。

我算了算，买家买了48支，付给我

> **周俊杰的成功秘诀**
>
> 他成功靠了一个"快"字。创业初期，他几乎每个月都要扩大一次仓库面积；做网上批发，他敢于以最快的速度不惜血本降价，搞大型促销；做品牌，他能在短期内连续推出多个品牌的系列产品，每一次几乎都是背水一战。

72块钱，我按两块五一支进货，一共亏48块钱。这是我在淘宝上做的第一笔生意，是一笔亏本买卖，我迈出了开网店艰难的第一步。或许这也是我摩羯座的性格——宁可自己吃点亏，也要把事情办完美。

　　有了第一笔生意，流程搞清楚了，我似乎也有了信心。我从金华当地的批发商那里进了一些小商品，大到收纳盒，小到发夹等。白天女朋友盯着和客户聊生意，晚上我下班后接替她继续在淘宝工作到次日1点。

　　就这样半年过去，生意好转起来了。我第一次拿出3000元进货，把10箱20公斤的货从一楼搬到五楼，后来又以每月800元的价格租了楼下一个30平方米的车库作为仓库。但是我想，那么多网店，别人为什么可以做到皇冠这么高的级别？我在淘宝上问了几个大卖家，他们都告诉我，只有做专职才能有钱赚。到底要不要辞职？想想找工作时的不容易，心里又很矛盾。

辞职去义乌专职开网店

经过一个月的思想斗争，我终于递交了辞职报告。单位领导找我谈话，问我为什么辞职，我说，就是想出去闯一闯。领导看我决心已下，便同意我辞职，而且给了我一年时间待岗，每月拿基本工资。他们很为我考虑，说一年后如果混不好，还可以回来上班。

> **自我激励**
>
> 靠本能生存的人——浑人；靠欲望生存的人——俗人；靠情感生存的人——凡人；靠信念生存的人——贤人；靠智慧生存的人——达人；靠灵魂生存的人——仙人。自我是前三种人的特征，释怀是后三种人的品格。人性来源于生物性，生命的存在是一个不断提升的动态平衡。

这是我开网店的第二个转折点。2008年6月18日，我一直记得这个日子。那天我和女朋友带着3万块钱从金华到了义乌。当时我有朋友在青岩刘村，他介绍说那里环境还不错，光纤入户，与村子一路之隔就是江东货运市场，有全国最便宜的快递费，要送物流货运的话4块钱就可以拉过去，还有供网商提货的超市以及各类

配套服务。现在回忆起来，我发现，青岩刘村就是义乌网商的"井冈山"，义乌90%以上的大网商都是从那走出去的，比如"紫薇"、"汇奇思"等。

我们租到了一间两室一厅的居民房，准备大干一场。每天早上8点起来，开始坐在电脑前和买家谈生意，到下午晚些时候统计一天的总数，开始配货、打包，一直忙到次日凌晨两三点。一个月后，房东找到我，说你们晚上每天都要打包到11点，胶带刺啦刺啦的声音太响了，楼上楼下的房客都跟我投诉，你们还是不要租我的房子，另找地方吧。那时青岩刘村还不像后来一样全是淘宝商家租户，所以对每天工作到很晚的淘宝商，大家还都不太习惯。我求房东别让我们搬走，我们年轻人也没有多少钱，现在生意好不容易刚刚稳定，搬来搬去太麻烦。但房东说要为大多数人考虑，没同意。后来他干脆就把楼下防盗门的密码改了，快递都进不来。所以我们也没得选择，只好搬家。

好在房子不难找。一个月后，我们又租到了一套三室一厅。又过了一个月，实在忙不过来了，我请了个人帮我做客服和配货，我自己继续聊主号，也配货，工作比以前更累、更辛苦。10月份，我们的生意越做越大，出货量和品种都不断增加，仓库严重不够用，我们又在青岩刘村租了一个二百多平方米的地下仓库，人员也从3个增加到8个。走到这一步我想，我必须要做下去，永远不会回头了。

游戏的领悟

俄罗斯方块：犯下的错误会积累，获得的成功会消失；植物大战僵尸：要常调整状态才能应付挑战；愤怒的小鸟：有时沉下身心是为了飞得更高；跑跑卡丁车：永远别觉得还有时间能浪费；水果忍者：水果与炸弹同在，机遇与挑战并存。其实人生就是一个不断领悟的过程，在生意场上，无论成功还是失败，只要有所领悟，就能不断进步。

努力至此，虽然每天忙忙碌碌，收入也不低了，但感觉这样无限循环下去，还是不知道如何发展。当时已经有些大卖家在淘宝上做家居用品的批发生意，受他们启发，我想了整整两天，最终决定转型将网店改为网上批发的模式。

　　让我下决心做网络批发还有一个原因。我卖过一种减肥绷带，网上零售价是四块钱。我找到了一个生产厂家，从他们那里进货三块五一个。一开始，我将价格定到三块九，一个赚四毛钱，但走货量不大。后来我又想了个办法，将价格降了一毛钱，每个减肥绷带赚三毛钱，结果一天卖出了1000个，盈利大大提高。我就想，要不然干脆就做网上批发，靠走量赚钱。

　　决心已定的同时，减肥绷带也迅速打开了市场，一个夏天竟然卖掉了50万条，销售额将近200万元。厂家高兴坏了，给我的供货价格从三块五降到三块二，我在网店的批发价格也随即下降了三毛。我的观点是，加价永远是三毛钱，甚至会更低。有时就算平价也做，虽然把人工和仓储费用算进去是亏损的，但这样做可以占领更大的市场。

　　减肥绷带热销，一批批五皇冠、四皇冠的淘宝大卖家都到我的网店来联系进货，虽然他们中有些人并没有采购减肥绷带，但对我的三毛加价模式产生了很大兴趣，因为他们对产品的批发价很清楚，几乎所有批发商都是加价三块钱在卖，唯独我加价三毛。这一下口碑就传开了，"远洋贸易"

在网上和用户群之间开始小有名气。

我们还打出了"淘宝最低价"的广告。4个月后,网店的销售额翻倍,地方又不够用了。在义乌500平方米以上的仓库一年租金最少要6万元,当时这对我来说是大数目,万一付出后周转资金不足怎么办?我想了很多个晚上,那段时间我学会了抽烟,一天抽一包,我女朋友看我这种精神状态,就劝我,现在已经很好了,不用太逞强,只要我们都开开心心不就行了吗?但是我想,既然选择了这条路,就应该走下去,能走多远就走多远。我的这个想法也得到了家人的支持,我们搬离了青岩刘村,来到了可以提供足够仓储空间的义乌青口工业区,还买了自己的运货车。为了提高效率,我参考麦德龙超市的模式,把库房所有的出货入库都设置了条形码。这样一来,基本上实现了当天接单,当天发货。2009年5月,"远洋贸易"终于做到了淘宝首家美容用品批发行业的皇冠店铺。

2009年上半年,我们网站备齐了大客户关注的美容工具、美发工具、家居产品三大类300多种商品。其中眼膜每个月批发出去50万片,面膜是四五万片,我们每天为每个大客户发货都达到10多箱。下半年,办公室和仓库又一次扩大到2400平方米,公司员工发展到30多人。这个行业发展得太快,借着这个行业的势头我们也起来了。

为了吸引买家我们制定了游戏规则:只做批发,不做零售,最低180元起批,并且按照不同的起批价格划分出三个客户群:大顾客会员、VIP顾客会员、厂家合作会员,三个会员等级享受不同的折扣,买得越多价格越低。同时,我们每月还要做一次类似于买100件送100件之类的大促销活动。后来的事实表明,这些策略保证了一批大卖家每个月在我这里的购货金额都在10万元以上。

网商成功的必备条件

一、耐心;

二、服务;

三、产品的重要性;

四、专业的知识;

五、售后服务;

六、信心。

第三节　以德服人做生意

小赚靠智，大赚靠德

我还信一句话："小赚靠智，大赚靠德。"所以做淘宝也要以德服人。在为客户服务这方面，我们发现一点问题就努力去改进一点。我们的批发是一个单子100元就可以起批，所以一般买家在我们网店买东西也没问题；我们建立了很好的退换货制度，会为客户的滞销货换新货；再有，再大的单子也要当天发货。

慢慢地我发现了一个规律，库存量不能满足买家的需求时，我就会增加仓库面积，但每次仓库面积扩大后，出货量也随之迅速增长。想来想去，我似乎想明白了一个道理，那就是存储空间决定销售额。但问题也随之而来，销售额提高了，利润却并没有成相应比例提高。我觉得，发展到这个阶段，一味低价并非生存之道，价格战应该收手了。

如果长期只从厂家拿货批发给顾客，没有自己的竞争优势，企业很难成长。义乌的老外很多，我接触了一些国外的采购商，他们告诉我，应该有自己的品牌和核心产品。淘宝上"收纳类"的小物件一直卖得很好，特别是一些小女生喜欢买这种东西。此类产品市面上大部分用的都是无纺织布，我就想能不能全线采用可回收纸板，这样不但成本降低，也可以更环保。我专门去韩国考察，进

口了一种白卡纸。这类产品日韩的采购商比较多,我想来想去,给它取了个讨巧的名字:畸良。2009年3月,我注册了这个品牌,专门做收纳类商品。

贴牌生意

做贴牌生产这个优势也是义乌特色。2008年金融危机,许多工厂的外贸单子锐减,在转为内销以后,不得不放下架子,关注网络贸易这个新兴市场,愿意提供小批量的贴牌接单。在联系了一家工厂后,我们开始批量生产,然后贴牌销售。半年时间里,我们开发出了100多款纸质收纳产品,虽然是纸质的,但收纳盒人站上去都没问题。网友买到后,可以自己DIY组装,完全不用胶水黏合,很方便。后来这个产品越卖越好,贴牌生产的工厂逐渐扩大到5家。

这段时间,我投资建立了自己的纸类加工厂,每天生产数量有2000个,其中热卖产品达到一半以上。有了工厂,货源就有了进一步保证,成本又大幅降低。一个月以后,我又建立了注塑厂,在半年多的时间里开发出十多种塑料收纳盒。

　　这几年，除了春节之外，平时甚至跟家人同坐一张桌子吃一顿饭的时间也没有，每天实在是太忙了。2010年7月，我注册了"迦南"品牌，专做PVC材质的中高端收纳盒，这个品牌的定位是中高端收纳盒，价位在40元至100元之间。随后，我们又推出了几个品牌——专做洗脸扑儿和粉扑儿的"玖彩氏"、做塑料收纳产品的"佑木"和做暖宝贴的"渔生堂"。自有设计和生产的产品以后，利润终于有了很大幅度的上升，品牌的核心竞争力确实不是随便说说。

　　现在，我们的产品覆盖收纳系列、时尚创意家居、时尚家电、日韩流行饰品、女士美容用品、汽车用品、手机周边、婴儿护理等领域近3000个品种。仓库增加到6000平方米，还租了300平方米的办公室，拥有5辆货车。网店达到了3皇冠，每天发货近500件，雇佣工人超过50个，也建立了独立的批发网站——远洋贸易。下一步的目标是销售额超过1亿元，把"畸良"做成淘宝品牌，让远洋贸易成为淘宝最强批发商。

第五章　人间天使之西单女孩

西单女孩任月丽,是西单地下通道一位流浪女歌手。2008年点石拍客非我非非我拍摄其翻唱安琥的《天使的翅膀》视频被传到网上,这个视频打动了许多人,而迅速成为点击次数攀升最快的视频之一。西单女孩由此登上了电视媒介,参加了兔年春晚为更多的人所熟知。现在被央视等主流媒体称为"百姓歌手"。

第一节　走近人物

人物简介

任月丽的老家在河北省涿州松林店镇松林店村,1988年出生的她家境一直贫苦,父母都不同程度地患有重病,这使得她不得不在2004年就辍学打工。为了减轻家庭负担,年仅16岁的她孤身一人来到北京。任月丽来到北京的一家餐馆做服务员,干了一个月后,非但没有拿到工资,还失去了工作。提着沉重的行李,任月丽走在长安街上。"感觉那条路好长!"任月丽说。在路人的指点下,任月丽来到了西单大街路口的地下通道。她哪里知道,就是在这条地下通道里,她的人生彻底改变。

2004年11月,任月丽在西单的过街地下通道里第一次见到了真人演奏吉他,悠扬的琴声和动人旋律一下子就把她定格在了原地。演奏者是一个小伙子,平时以在地下通道唱歌为生。任月丽当即决定拜这个小伙子为师,并且以每天帮助小伙子拎包打杂作为"学费"。小伙子被任月丽的真诚所打动,收下了这个几乎身无分文的徒弟。两个月后,任月丽开始能够独自弹出完整的乐曲,小伙子则在地下通道给她开辟出了一块小场地,随后告诉她一句话:你出师了!在地下通道里一唱就是5年的任月丽,终于在2009年的冬季迎来了属于她的"春天"。

2008年12月20日,点石拍客非我非非我在西单地下通道,录下任月丽演唱的《天使的翅膀》后于2008年12月25日将视频上传于新浪播客,之后该视频开始在网上流传。2009年1月26日,署名为alucard77117的网友在优酷网转载了一段标题为"西单地下通道女孩翻唱《天使的翅膀》"的视频。该视频在最初上传后的几天点击量迅速上升。女孩翻唱的歌曲是安琥的《天使的翅膀》。她空灵纯净的歌声似乎能穿透心灵,无数网友被深深地打

动,纷纷跟帖留言,甚至含泪写下评论,称之为"西单女孩",也有人称她"西单天使"。

从2009年1月31日开始点击量迅速飙升,2009年2月2日达到最疯狂的速度,每分钟约有10000点

击!并迅速被各大论坛转载,跻身搜索引擎上升最快关键字。2009年2月3日晚6点左右西单女孩的《天使的翅膀》点播超过300万次,被大家顶了220多万次,在网络视频点播历史上前所未有,堪称互联网奇迹。

女孩所翻唱的这一首《天使的翅膀》,创造了互联网视频点播历史上的奇迹,成为当时各大论坛里最火的话题,她清澈空灵的声音感染力极

强，被无数网友由衷赞叹为"天籁之音"。视频上传后很短时间内，网友已经自发成立了数十个QQ群、论坛、百度贴吧以及专门为她而建的网站等等，还有网友为她创作了美术和视频剪辑作品。由于广大陌生网友的热捧，西单女孩突然在网络上走红，女孩不太适应，当时她不再去西单唱歌，也更换了手机号。对于西单女孩的真实身份，当时网友有多种不同说法，并试图用人肉搜索的方式找到她。后来，芝麻拍客的一系列视频和CCTV央视网对任月丽的采访报道终于让大家了解了西单女孩任月丽的真实身份和经历。

作为80后，她和大多数有着幸福家庭的孩童不同，她在少年便承受了很多生活的艰难。当同龄的孩子还在父母身边撒娇的时候，她却因为家境的窘迫，加之亲人的疾病，16岁便独身闯荡北京，追寻自己的梦，同时用自己的力量支撑起家庭的重担。大家都知道在北京寻梦的人很多，而真正实现梦的有几个？同样，这个小姑娘在北京西单的地下通道一唱便是四年，风雨无阻。而对音乐的坚持，在4年之后终究让她看到了梦的边缘形状。她的《天使的翅膀》在网络上彻底红透后，无数不同年龄、不同层次、不同背景的人被她的善良、纯朴、坚强、乐观和纯净空灵的歌声打动。随后，中央电视

台、北京电视台、江苏电视台、湖南电视台、台湾东森新闻台、香港有线新闻台等众多媒体也分别采访或者报道了任月丽,让更多的朋友了解她的故事和歌声。而在她成名的网络中,一个特别的团体自发而成,他们自称为"蒜薹",他们要站起来呵护这个坚强的女孩,他们要守护他们心中的天使。

作为一个超高人气的歌手,她和别人不同的是她的本质,每当接受采访和与粉丝合影的时候,人们都会听到她真诚地说:"谢谢!"仿佛歌迷和记者的要求对她来说都是一种帮助和恩赐,仿佛这个已经对她十分苛刻的世界在她的眼里依然是那么的美丽和安宁。她就是如此,在这个物欲横流的时代,在她的身上你找不到任何可以称为杂质的东西,她是透明的,你可以透过她那朴素的脸庞清晰地看到那些内在的品质。她是美丽的,每当她的歌声响起,她的身边都会被一种纯净的气场所笼罩,在这个时候,没有任何外在的美丽可以与她相比。

同时她承载了一些人甚至一代人的梦想,作为已经工作在社会中各个行业但却默默无闻的年轻人们,西单天使承载了这些喜爱她的人们一个在现实生活中梦想成真的愿望,她承载了一个在现实生活中平民天后的故事,人们通过支持她,一步步走到成功会获得情感上的宣泄和对理想信念的坚定,这于一个时代,于一个时代的国家,于一个时代的国家的青年人都是弥足珍贵的。在这个迷茫的当代,人们需要一个健康的美的形象来改变当代年轻人的思想。任月丽具备着中华民族传统推崇的所有素质,质朴,善良,虽然环境艰难却乐观地面对生活,永

网友评论

一把吉他,一个西单地下通道的女孩,专注地自弹自唱。这真是一个奇迹。只是一段粗糙的视频,旧旧的吉他,纯净的弹唱,但,是她,让我们在歌声中听到了苍凉的爱、澄澈的理想、超越技巧的真挚的情感,那样透明而深沉地穿透了都市丛林中的纷乱灵魂……

远坚持梦想，这一切的一切都是我国年轻人最应该具备的素质。

任月丽主要作品

歌曲大获成功，但凭借的并非完美的唱腔，更多的是她纯净声音的魅力，演唱方面则存在着如走音等不足。

其后，任月丽相继推出《外婆》、《微笑着坚强》、《丢手绢》等多首佳作，演唱功力明显见长，传达感情愈加到位。

《外婆》与《丢手绢》是两首民谣风格的歌曲，前者更是任月丽首次正式进棚录音。无论《外婆》的"蒲公英的花我的花，请带我到外婆她的家"，还是《丢手绢》的"丢啊丢啊丢手绢，轻轻地放在小朋友的后面，大家不要告诉他，过去的旧年华，多么珍贵啊"，淡淡的思念、回忆、伤感，任月丽用毫不做作的歌声，将歌曲中的感情不留痕迹地表达而出。

第二节　天使女孩成功路

地下通道的艰辛路

2005年1月底的一天早晨，任月丽带着一把130元钱买的二手"吉声"吉他，来到复兴门地下通道，开始她的"处女"唱，准备充分的她没有怯场，将《我是不是该安静地走开》唱到入情处，她满眼泪水，一个路过的男孩，放下10元钱，说："你唱得真好!"

那天，任月丽平生第一次靠唱歌挣了70元钱，那一个月，她挣了1000多元钱，给家里寄了500元，歌声引起别人的共鸣，而且能赚钱，这让她很有成就感。可在复兴门地下通道里唱歌的歌手，有六七个人，她去了只能排队等候，一次最多唱两小时。况且，那里嘈杂声太大，她决定另外物色驻唱的地方。她发现，西单图书大厦北边的地下通道虽然人流量不大，但很安静，没有其他歌手争地盘，于是，她将这里作为驻点。

从那以后，任月丽每天7点就来到西单的地下通道唱。作为地下通道歌手，会时不时地遇到尴尬。2006年7月的一天，她在唱歌时，一个中年男人掏出一枚5角硬币，往她身上一扔，不屑地说："可怜你吧!"她生气地抓起那枚硬币，狠狠地扔了回去，回敬道："我不要你可怜!"但说完，她就委屈得哭了。

平静下来后，任月丽想，对方之所以无礼，主要是因为自己的歌声没有打动他，只有自己的歌声深入人心，才能赢得别人的尊重。于是，她开始观察通过通道时不同的路人都是什么身份，从他们带的包，着装分析他们的身份，一段时间后，她弄清了不同时间经过这条通道的人流的区别：第一类是早晨和傍晚经过通道，大多是在通道两边的办公楼里上下班的白领，他们大多在二十四五岁到三十五岁之间，这类人素质教高；第二种是上午和下午经过，人流中大多是去西单商场逛街，以家庭主妇为主，还有一阵一阵经过的随机路人。于是，她把第一类作为自己重点要"打动"的人，经过揣摩，她在上下班的时间专门挑一些《后来》、《带你去吹吹风》等有意境的歌，而在上午和下午，便唱《两只蝴蝶》等口水歌。果然，这样一来，越来越多的人，喜欢上她的歌。

一天中午，一个在工作上受到挫折的女孩。蹲在通道里不停地打电话，打完后抱头在膝盖上一直哭。任月丽看了很难受，便轻轻唱起了吕方的《朋友别哭》："朋友别哭，我依然是你心灵的归宿，朋友别哭，要相信自己的路……"听到深情、鼓励的歌声伴随着吉他在空旷的过道里缓缓流淌，女孩慢慢地抬起头来，含泪跟任月丽打招呼说："听了你的歌，我感觉好多了，再给我唱一首《隐形的翅膀》吧！让我坚强一点！"

此后，任月丽更加注意对歌的挑选了。她知道，地下通道是一个特殊的地方，路人在心境最彷徨最脆弱的时候，无意中听到的歌，最容易让他们产生共鸣。

就这样,任月丽在这里一唱就是3年。由于她唱得特别用心,竟渐渐有了自己的"歌迷"。有一个住在附近的大姐孙明媚,每次经过她身边时,都会默默地放下几枚硬币,站在那里听几分钟,时间长了,两人熟悉后,任月丽每次见到她,都微笑点头示意,有一次,月丽感冒了,孙明媚听她咳嗽后,说:"小妹,你感冒得很严重,我等下给你煲汤送过来,你要照顾好自己!"

在北京生活的几年中,任月丽每月都要将大约一半的收入寄回家中,自己每天的生活费不超过10块钱,是家里的生活支柱。此外还从生活费中省下钱来购买二手的吉他、音箱和CD等用于学习唱歌。

任月丽网络走红

2008年10月的一天,天快黑了,任月丽准备再唱两首歌就收工,突然,一个中年男人快步走到她面前,笑对她说:"姑娘,你还认得我吗?"任月丽意外地看着他,摇了摇头,对方不好意思地说,"还记得曾经有人扔给你5角钱的硬币吗?"对方诚恳地告诉任月丽,自己是为那件事特意来道歉的,因为他经常路过这里,看到她每次都很专注地唱歌,而且唱歌的水平越来越高,不禁对自己曾经的无礼感到内疚。

用歌声赢得了应有的尊重和喜爱,任月丽非常高兴。从那以后,她更注重唱一些体现都市人心境的歌曲了。10月底,一位朋友拿来了安琥的《天使的翅膀》,要她学学,任月丽听完第一遍就被吸引住了——"落叶随风将要去何方/只留给天空美丽一场/曾飞舞的声音/像天使的翅膀/划过我幸福的过往……"她唱着恍惚看到了这几年,自己在北京漂泊的每一寸痕迹,顿时泪流满面……有一天,她

藏头诗

记住这个日子——2009年2月28日。2009年2月最后一天邂逅的天使,谢谢你送上久违的感动……请你停留九十九秒,给你一次深深感动,共同创造一个奇迹!附《西单天使》一首:"西"子待绽乃纯朴,"单"身独闯艰辛途。"天"籁之音如倾诉,"使"君洗尽铅华悟。99秒的天籁之音+1份真挚的感动=100%的天使降临人间……

天使成楷模

　　生子当如西单女，为女当做任月丽！我是一个40多岁的男人，从来不追什么星。自从女儿把西单天使的事情告诉我之后，我暗地里也禁不住流泪了。女儿现在正在上大学，花钱很多，但是知晓任月丽之后，她变得懂事了，并开始节俭起来，能天天给家里来电话问寒问暖。榜样不一定顶天立地，只需深入人心。天使是我们老百姓的楷模，是草根一族的最爱！

唱这首歌时，一对情侣从地下通道走过，女孩听了一会儿突然趴在男孩身上哭了，任月丽以为出了什么事就停了下来，那个女孩却说："你别停，继续唱吧，太好听了。"说着，女孩竟掏出1000元塞给她，她赶紧说："大家的钱来得不容易，这么多的钱我不能收……"

　　任月丽每天都在这里唱歌，周边5公里的人都对她熟悉起来。自己的歌声，不但能赚钱养活自己，而且能让这些熟悉或者陌生的听众认可，让她感到无比快乐！如果不是一次偶然，任月丽会一直在西单地下通道，快乐地唱下去。可接下来发生的一件事，却让她不得不离开了原本习惯的生

活轨道。

　　2008年12月25日，网名叫"非我非非我"的网友，被任月丽的歌声吸引住了，忍不住拿出DV，偷偷地将正在唱《天使的翅膀》的任月丽拍了下来，并于当晚传到了优酷网视频里，任月丽穿着厚棉袄，顶着呼呼的北风，唱得那么投入，声音宛如天籁，很快，这个视频便被热心的网友纷纷点击。2009年2月3日，"西单女孩《天使的翅膀》"这段视频，和小沈阳主演的《不差钱》、刘谦的魔术表演并列为三大热门视频，网友们看了后，不禁惊诧，这个女孩是何方神圣？强烈的好奇心引起了更多网友们疯狂的搜索，短短一天时间，"西单女孩《天使的翅膀》"点播增加到300万次，随后，有人为她建立"西单女孩"吧，"任月丽"吧，博客和超级QQ群无数网友听了她的歌后给她留言，将她的照片发在了网上，短短几个月，任月丽便红遍了互联网！

　　谁能想到，从不上网的任月丽对此毫不知情，2009年4月2日，孙明媚找到任月丽兴奋地说："月丽，你已经成了网络红人了，网上到处是你的视频……"任月丽睁大双眼，没有明白她说的网络红人是什么意思，孙明媚赶忙拉她到家里，打开电脑，搜出她的视频和网页，一一指给她看，说："现在好多人都喜欢你

呢!"看到网上四处是自己的照片视频,任月丽的脸刷地红了,说:"这是谁传上去的呀?我怎么不知道?"

任月丽将自己的视频和新闻看了个遍,忐忑不安地说:"他们怎么能将我的照片放在网上啊?孙明媚安慰她说:"这都是好心人,大家都为你好!"任月丽隐隐感觉不安,但她随即想,网上的东西,虚无缥缈,我安心唱我的歌,不去理这些就行了。可出乎意外的是,网上走红,很快影响到她的正常生活。

2009年5月6日下午,任月丽正在唱歌时,一家电视台的记者扛着摄像机,来到地下通道,说要采访她,任月丽慌忙摇头说:"采访我?我有什么好采访的?"在记者的劝导下,她勉强接受了采访。紧接着,又有记者恳请她去做节目。任月丽不知所措地点了点头。随即,中央电视台《半边天》、湖南卫视《天下女人》、北京卫视和台湾东森电视台等十多家电视台纷纷请她去做节目。她的曝光率,居然比一些成名已久的歌星还高出很多。

更让她想不通的是,随着知名度的提高,她再也没法像过去那样安静地唱歌了,经常发生她一出现,就有记者或者自由拍客要求采访或录制视频的现象。2009年5月18日,当她正在西单地下通道唱歌时,居然来了300多个人,他们每人手里拿着一束鲜花,一起涌进了通道,拥向了她。任月丽一下惊慌失措,不知如何面对。任月丽这才明白过来,原来他们是冲着自己来的,她只好收起吉他,被他们挤在一起拍照……由于干扰太多,她发现自己找不到唱歌时的满足感了。

天使的力量

听到你,感动了我一颗冷漠的心,由此我开始审视自己的人生……原来天使是真的存在。谢谢你,我的西单天使。

2009年5月,歌手兼著名主持人戴军在网上看了任月丽的视频后,专程去西单地下通道找到她,推荐她参加上海东方卫视举办的某选秀活动。任月丽正对自己目前的状态不知所措,便欣然同意,报名参加了北京赛

区的比赛,她的声音被专业评委认为是"少有的最干净的声音",夺得了网络"直通证"将和北京赛区的五强选手一起参加上海全国总决选。一时间,很多亲朋好友都为任月丽高兴,网络上的无数歌迷发帖给她造势,不少从过道走的老听众,也纷纷发动全家、周围的朋友和同事支持她。选秀节目这几年在中国非常火,捧红了不少原本默默无闻的草根歌手。在这种氛围下,任月丽慢慢被感染了,她心想:也许,自己离当歌手的梦想真的只有一步之遥了。

然而,就在任月丽下决心适应这种生活时,现实又让她慢慢冷静下来,在网络上走红后,任月丽贫困的经济状况并没有发生什么改变,人们所认为的那种歌手走红后可能会获得各种商业演出的机会,根本没有光临任月丽。为了生计,她还是要继续做通道歌手。但由于频繁参加节目,她的收入锐减,而她要录制节目,要宣传造势,要准备演出服装,开支明显比过去增加了很多,况且她每月要按时给家里寄500元钱,所以日子过得更窘迫了。

为了帮任月丽摆脱困境,一些朋友纷纷帮她找门路。不久,一家唱片公司找上门来了,任月丽很兴奋,终于等到出唱片的机会了,这可是所有热爱唱歌的人梦寐以求的!可她试探着问:"你们公司有多少个艺人啊?"对方对她一瞪眼,不耐烦地回答:"以前没有,你是第一个,难道你有权挑剔? 如果你要出唱片,就得听公司的安排,自己掏一部分钱……"当任月丽听到要出唱片还要自己掏钱时,她的心彻底凉了,当即拒绝了。

不久,任月丽和另一个刚刚走红的歌

手一起被一家媒体采访。在谈到初恋时,那个歌手侃侃而谈,讲了一段刻骨铭心的往事,任月丽却局促地坐在一边,只知道说:"没有,我的爱情一片空白。还没考虑过这个问题。"对方很扫兴,接下来的话题,便再也不问任月丽了。"要么是傻,要么是装清高。"任月丽气得一句话也说不上来。

如果说经济上的拮据,应酬能力的缺乏,月丽还能克服和忍受,那么,最让她惶恐的,是她发现自己远离了地道周边那5公里的听众,就没有能力得到其他人的真正认同。有一次,她在朋友的帮助下上网浏览"西单女孩"吧时,发现有人发帖质疑"任月丽"的唱歌水平。很快,就有很多人在后面跟帖,说她的演出水准根本不入流,她走红只是因为是个"新鲜事物",很快就会被下一个别出心裁的网络事物所掩盖。

看看那些留言,任月丽若有所思,她难过、浮躁的心境慢慢平复了下来。第二天一大早,她背着吉他准时出现在了地下通道。当看到一个小伙子紧皱眉头时,她轻轻唱了一首《寂寞在唱歌》,他默默地走到她身边,微笑着说了声"谢谢",当她看到一对小恋人吵架时,她开始唱《明明很爱你》,很快,他们相识一笑了;当她看见一个中年男子推着轮椅上的亲人走过,她唱起了《好人一生平安》……在那些路人回报的微笑,赞许和欣赏里,任月丽觉得久违的快乐又回来了。那一天,她数完不多的钞票,哼着歌回到了出租屋。她轻松地说:"我想明白了。当明星,有当明星的活法,而我很显然不适应做明星。我觉得,这附近5公里的人们之所以喜欢我,是因为我能根据他们的喜怒哀乐,唱歌调节他们的情绪。以前,我很享受这种状态!我想像国外那些做地铁歌手、地下通道歌手的人一样,一辈子以在地下通道唱歌为职业,活得自我,活得洒脱!"

微笑着坚强

在《加油!东方天使》的征战中,任月丽凭《微笑着坚强》一曲获得直通证进入全国决赛,该曲成为"西单女孩"的最新代表作之一。任月丽表示自己非常喜欢这首歌,"因为就是在写我自己的故事","希望我的歌声能够给现在痛苦的人一些精神上的支撑"。

第三节　天使上春晚

春晚受邀

2010年12月8日下午兔年春晚语言类节目三审在央视演播厅举行,令人意外的是,草根歌手西单女孩也在现场表演了节目,不过据主持人马东表示,她能不能上春晚还要看观众的支持度。

没准备就上台

"西单女孩",这个名字第一次出现在主流舞台,是在《加油！东方天使》。她再次引起大家关注,是在央视的《我要上春晚》。如今,她竟然真的通过那个"捷径",将要走上央视春晚。在刚刚结束的兔年春晚三审中,"西单女孩"任月丽意外亮相,演唱了《天使的翅膀》,颇受导演组认可。任月丽透露,那天参加春晚审查自己毫无准备,"不过,我确实很期待上春晚。"

谈及出名后的这两年,任月丽坦言:"收入来源主要是靠游走于各种电视节目,当然也已经不需要在地道里卖唱了。"因为央视的舞台,任月丽未来的路也豁然开朗,她向记者透露,歌手沙宝亮主动要为她操刀做音乐。

在央视兔年春晚的三审中,任月丽是在白凯南和贾玲的相声新作《拍客》中登场的。当时,白凯南扮演一名拍客,跟踪拍摄贾玲,被贾玲发现,白凯南亮出身份,原来他是网络上鼎鼎大名的"芝麻拍客"。随后,主持人马东

登场"客串",原来这个节目中的"拍客"是有原型人物的,而这个原型就是现实中捧红了"西单女孩"的拍客达人。于是,"西单女孩"任月丽被顺势请出,抱着吉他自弹自唱了那首令她一举成名的《天使的翅膀》。"西单女孩"的意外登场,让台下坐着的审查人员和观众惊喜不已,有消息人士透露,任月丽的表演反响不错,很符合春晚"给草根舞台"的立意。

对于春晚,任月丽告诉记者,自己是"临时被拉去"的。当初导演组找到她时,她以为只是某家电视台邀她上节目。"那时候他们来人通知我上节目,我什么都没准备就去了。现在挺后悔的,那天什么演出服都没准备就上了台。"审查节目的那天,任月丽穿的就是生活中最普通的衣服,没有化妆,素面朝天地就上场了。就是这样本色的"西单女孩",更令导演组"倾心"。"上春晚是每个表演者的荣耀吧,我当然希望可以站上那样的舞台。"任月丽说,虽然这是自己的梦想,可现在自己的心态还是放得比较平稳。"能上是最好的,不能上,我还是会继续唱歌,完成自己的梦想。"

任月丽第一次从地下通道走上主流舞台，是2009年的《加油！东方天使》。当时她取得了全国第八的成绩，还上了《半边天》《天下女人》《家春秋》《零点风云》《美丽A计划》《人与社会》《民星在行动》《小崔说事》《2010年北京台春节联欢晚会》等节目。一个多月前，任月丽带着原创歌曲《漂流瓶》站上了央视《我要上春晚》的舞台。

谈及成名后这两年来的生活，任月丽告诉记者，自己现在的状况比从前好了许多，有很多节目组来找她，会上《我要上春晚》节目，也是导演组主动联系她的。"我现在收入主要来源于参加各个电视台的节目，生活基本稳定。"记者获悉，任月丽口中的"稳定的生活"也就是一个月三四千元钱，刚好够维持奶奶、爸爸和她的生计，对此，她已很满足。"想起以前的生活，现在就好比在天堂一样。"朴素的"西单女孩"直言，从来没想过自己也会有走红的一天。"刚开始的时候，我还不太相信，感觉就好像做梦。有时候，我会掐自己一下，告诉自己这并不是一个梦。因为我怕梦醒了之后，生活又变回原样，我还是那个坐在地下通道里卖唱的女孩。"

唱响春晚

2011年2月2日兔年除夕，西单女孩任月丽在央视兔年春节晚会上，演唱了自己的原创歌曲《想家》，并在现场与老家的父亲、奶奶们实现即时连线。整台节目获得良好的反映。2011年2月11日《人民日报海外版》文《有梦想谁都了不起》描述西单女孩在春节晚会的表演：2011年春节联欢晚会的节目现场，当主持人董

卿宣布西单女孩任月丽上场时，全场报以热烈的掌声。被请出的西单女孩任月丽，依然是一件素净的白衬衫，只是在她的领口下一条紫红色的围巾，渲染出节日的气氛。主持人董卿向全国的观众介绍着任月丽时，提起了她的身世，提起了她的过去，提起了她的梦想。然而，任月丽做梦也没有想到，作为一名草根，有一天会取得成功，会站在春晚这个辉煌华丽的舞台上，接受亿万人的欢呼和掌声。

追求不受约束的音乐梦

带着自己的音乐梦和令人感动的声音只身来到北京闯荡，"西单女孩"昨天在听筒那头的回答依然简单而现实。她告诉记者，现在自己的生活中除了接受媒体的采访，还有音乐公司主动提出希望找她签约，并承诺给予发展的空间。"我今年4月的时候和对方签约，不过10月份的时候我们就解约了。可能我是一个向往自由的人，不喜欢受到束缚，我们在很和平的气氛中解约了。"

喜欢自由而不签约经纪公司，依然不影响任月丽未来的发展，她告诉记者，现在自己身边有很多志同道合的朋友，他们常常会给予她音乐上的支持和帮助。她还十分开心地说："我也要有自己的单曲了。"她说，自己做梦都没想到，有一天也会有一首属于自己的歌曲，而为她操刀的还是著名歌手沙宝亮。"那时候，沙宝亮老师告诉我，如果有困难尽量去找他帮忙。我没想到，他真的会帮我做音乐，录歌曲。"她透露，最近自己忙着在录音棚里录全新单曲。"这首歌是我朋友帮我填词和作曲的，我很喜欢。"

2011兔年春晚在追求时尚和潮流的同时，也刻意加重了草根明星的戏份，继"旭日阳刚"通过央视综艺节目《我要上春晚》直通春晚之后，该节目再次派发三张"通行证"，西单女孩、深圳民工街舞团、女孩金琳琳转呼

啦圈三个节目将直接登上兔年春晚的舞台。这使得央视兔年春晚成为历年春晚中草根选手比例最多的一届,而这些流淌着新鲜血液的"草根明星"登上兔年央视春晚将激励更多怀揣梦想的年轻人锲而不舍、奋勇向前。

野百合的春天

2012年3月17日下午,西单女孩任月丽在北京西单大悦城9楼FAB举行了自己的首张音乐专辑《西单女孩》的发布会及现场签售会。大量长期关注和喜爱任月丽的明星、歌迷以及数十家一线媒体齐聚一堂。中国音乐家协会副主席、歌唱家廖昌永,以及草根明星组合旭日阳刚等还特别出席了发布会,给西单女孩送去了鼓励和祝福。

从寒风彻骨的北京西单地下通道,到央视春晚万人瞩目的绚丽舞台;从无数陌生网友的心灵共鸣,到一波三折、笑泪与共的追梦历程;从一把旧吉他相伴的99秒纯朴原生态,到国际著名音乐人的悉心制作……西单女孩任月丽终于在音乐的道路上,羽化成蝶,振翅飞翔。"能拥有一张属于自己的实体专辑,是我的梦想,也是我向歌迷许下的承诺。"在发布会现场,梦想成真的任月丽在喜悦之余不忘感恩,对前来支持她的媒体、朋友

和粉丝报以真诚质朴的笑容，还特别向那些支持和帮助过她的老师和前辈们表达了感激之情。她说，发专辑只是自己的音乐梦想的开始，"我想有一天能开自己的演唱会，邀请我的偶像许巍、席琳·迪翁做嘉宾。"她在被问及将来打算的时候，略带俏皮地这样说道。

西单女孩善良、淳朴、坚强、乐观的性格以及在音乐上的天赋与努力也得到了廖昌永、旭日阳刚等现场嘉宾的赞许。他们认为，专辑《西单女孩》是任月丽这个在音乐道路上追逐梦想的天使起航的第一篇章，记录了她在音乐道路上的成长与进步。用心聆听，那空灵纯净的歌声可以穿透你的心灵，让你在这个纷乱忙碌、信仰迷茫的现实社会里，找到坚持的勇气和方向。据悉，本张专辑除了同名歌曲《我是西单女孩》外，还收录了热播国产动画片《侠岚》的片尾曲《风中奇缘》，任月丽在春晚上演绎过的《想家》，她亲自作曲的关爱留守儿童的公益歌曲《那就是爱》，电影《跑吧，孩子》的主题曲《拥有》等十余首原创歌曲。专辑由新加坡著名音乐人李毅倾心全力制作，创新性地打造了"新传统主义的城市民谣"，体现了极高的国际水准，相信会创造不俗的成绩。而就在发布会当天，就有机构在听了专辑歌曲之后，当场与西单女孩签订了数十场的巡回演出合同。

为了扩大影响，配合专辑的发行，由西单女孩主演的支教题材电影《在那遥远的小山村》，以及由共青团中央投拍的同名电影《西单女孩》也将在近期上映。此外17日的专辑发布会之后，还会在青岛、海口等一系列城市举行签售会。同时，专辑已经在当当网、亚马逊以及全国各主要城市同步上市。

> **《天使的翅膀》歌词摘选**
> 相信你还在这里/从不曾离去/我的爱像天使守护你/若生命直到这里/从此没有我/我会找个天使替我去爱你

做客lady呱呱

因在西单的地下通道唱歌而在网上爆红的"西单女孩"任月丽做客《lady呱呱》，不仅畅聊自己的成名之路，还讲述了成名后的

生活,她面对生活的真诚让现场所有人为之动容,谈起自己的唱歌事业,她说:"就算跪着也要走下去。"

个人专场

"西单女孩"任月丽将于2011年3月17日在北京举行个人专场拍卖会,承办单位是北京佳士凯拍卖公司,总策划是赵晓凯。

她是第一位登上央视春晚舞台的草根明星,走下春晚舞台后做出决定,将春晚表演的吉他以1元的价格起拍,全部献给慈善机构。另外,其广告代言权也将在2011年3月17日同时拍卖,代言范围包括服装、化妆品、绿色房地产、旅游景点等方面,代言权拍卖所得的一部分也捐给慈善机构。

任月丽之所以选择慈善拍卖,是要将承载着粉丝们的沉甸甸的大爱,传递给更多需要帮助的人,也是让更多的人明白,只有自强不息,人生才能辉煌。假如广告代言权拍卖成功,扣除捐献慈善机构的部分,其余拍卖所得的一部分将用来改善父母的生活,一部分用于以后演艺事业的发展。

第六章　一不留神创造网络神话

人物传奇

这个年轻人热爱摇滚，喜欢看战争、喜剧这种节奏很快的电影，是去年上海市溜冰比赛男子组500米第三名，向往的是自由自在的生活。他是一个自由撰稿人，凭借几乎没有什么成本的一部网络视频短片，嘲笑和挑战了中国最具知名度和影响力之一的导演花费3年时间、号称投资3亿元的魔幻大片。如果不是网络让这一切变成了现实，你也许会认为这是一个堂·吉诃德故事。因为一个馒头他再次造就了网络上"一夜成名"的神话。

第一节　走近人物

个人简介

胡戈，1974年出生，湖北省武汉人。电子音乐和视频作者。因为创作剧本《一个馒头引发的血案》而风靡网络，成为众人追捧的网络红人。后因险些被大导演陈凯歌以侵权罪而告上法庭更是名声大噪，之后，胡戈和"馒头"的名字迅速成为国内娱乐圈的最热门话题。

个人履历

小时候居住在江西省九江市。小学上了一半之后就搬家到了武汉，此后一直在武汉，直到工作之后，一个人搬到北京短暂待了半年，然后到上

海至今。

从小喜欢音乐、歌舞、美术、影视，并且一直保持这些兴趣至今。小学时学习过钢琴、中国画，中学时学习过架子鼓、霹雳舞，大学时学习了电吉他、电贝司、现代舞等，工作后学习作曲、音乐制作等，都是业余性质，水平不高，杂而不精。

与多数人不同的是，这些兴趣爱好，主导了其生活和工作。通过努力，大学毕业后一直从事着与自己兴趣爱好相关的工作。第一份工作是广播电台的节目主持人。第二份工作是音乐制作、音频处理。第三份工作是作曲、编曲。后来为了有更多的时间来进行兴趣爱好，辞去了工作成为自由人，此后做的事情很杂，搞过音乐制作，做过录音师，做过动画片音效，另外还通过销售音乐制作器材来糊口。

最新的兴趣爱好是影视。其实这并不算是"新"的兴趣爱好，因为从小就有这方面的兴趣，只是一直没有条件付诸于行动，仅仅是在读书时编排过一两个小品在学校里演出，另外还上过一个月的表演课（业余性质）。现在喜欢玩DV和视频制作。

另外这两年还喜欢上了速度轮滑这项运动。兴趣爱好很多很杂，虽然水平不高，但是不会放弃自己的兴趣爱好，它们就是生命的全部（至少也占到了80%）。

第二节　横空出世的胡戈

音乐上的天赋

从某种程度上，他和音乐的缘分也许是天生的。妈妈在武汉的一个乐

团里弹琵琶，爸爸是唱京剧的老生。虽然从小生活在剧团，但父母显然不想儿子也吃艺术这碗饭。直到小学三年级时，在胡戈的强烈要求下，妈妈才开始教小胡戈弹钢琴。

> **胡戈自语**
>
> 我骨子里是有娱乐精神的，朋友们也是这么看我。但我性格中也有闷的一方面，刚开始接触的人可能会有这种感觉。

"高兴时弹弹，不高兴就不弹"，对胡戈来说这绝对就是玩。初一时，胡戈又迷上了架子鼓，也迷上了迈克尔·杰克逊这位流行乐之王。1993年考入华中理工大学汉口分校，大二那年"随便弹了一下电子琴"，就进入了团委下面的乐队，时而打鼓，时而弹键盘，还自学起电吉他和贝司，为此他还退了宿舍住进了乐队的排练房。

高考填志愿时，受家里的影响，胡戈选择了自动控制系仪表及检测技术专业，"那时是以找出路为主，希望工作稳定吧。"但胡戈对此实在没有兴趣，逃课和考试不及格成为常事，甚至在大学毕业时差一点因为论文没通过而毕不了业。于是整个大学生活中最不舒服的就是"老要上课"。

那时的胡戈爱听外文歌，喜欢摇滚乐，钟爱"枪和玫瑰"乐队，闲来无事爱逛旧书摊找音乐资料，"无意中还买到了迈克尔·杰克逊的中文自传"。

他曾是原创音乐人，后来放弃了。林迪说，"他兴趣转移了"。年近30时，他迷上了速滑和滑翔。他加入江苏速滑队参加比赛获得了第五名，美滋滋地拿着奖状在朋友面前四处炫耀；穿着轮滑去浦东参加乐器展，然后从浦东一路滑回宝山的家中，甚至滑去了

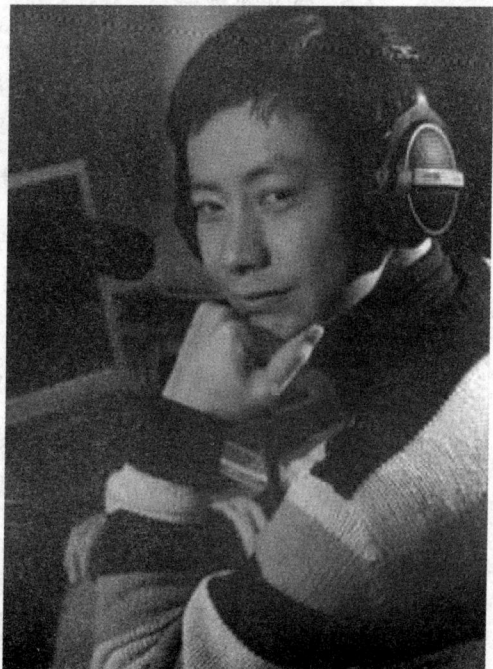

昆山。他还喜欢过摄像，有事没事就拿着DV对着林迪家的小猫乱拍，这段记录小猫成长的经历竟然在三星公司举办的DV大赛中获了奖。

胡戈自己对此的解释是，"音乐做很久了，我感觉做这个没有什么前途。"在胡戈看来，自己的音乐其实做得不好，但是音频技术是最好的。

> **文言版《馒头传》**
>
> 才俊青年胡戈者，滑稽多智，巧思精绝，因无极而生两仪，循两仪而生四象，踞四象而蒸馒头，外引宣谕合之八股，内调大无极之生蔬，以馒头为药引，烹制麻辣佳肴，点染喷饭美味。举凡陈氏得意之局，尽皆智者不齿之所；大率巨作匪夷所思，偏有小弟风生谈笑。血案因馒头而起，大片遭笑话毁誉。观者无不大噱，真正老少咸宜。

目前卖东西和做音效支撑着胡戈的生活。在朋友的博客上，卖东西的胡戈很有趣，"你要敢比他牛，他就不卖给你，而且从来都是先货后款。"胡戈甚至曾经在自己的网站张贴了如此的一个广告：你没钱；你很想要；把地址给我；收货。

首次下水

胡戈在1993年进入华中理工大学汉口分校自动控制系仪表及检测技术专业学习，第二年加入校乐队（"官方"的），时而打鼓，时而弹键盘，后来开始自学弹电吉他（他没有学过声学的吉他），电贝司，同时得到了其他队员的指点。大三时开始当队长，主要为乐队配器，打鼓，有时也混混电吉他。大学毕业后到湖北交通音乐台（调频107.8MHz）工作，担任节目主持人。（在这之前他还先后在武汉文艺广播电台和湖北文艺广播电台做过客座主持。）先后主持过"国际流行频道"，"胡椒爆生姜"等节目。

1998年2月，在母亲和弟弟的出资下（他是家里最穷的一个），添置了一台电脑。弟弟主要用它来打游戏，他自然是用来圆他的创作梦。在他的倾力投入下，经过了很长的时间，他终于基本掌握了一手用鼠标和软波表作曲的绝活（由于他的经济状况只能维持生活的最低需要，因此无力购买相应的硬件设备）。再后来又玩上了一堆多轨音频软件，这使他的音乐制

作更加的全面。"当时就听人说,在电脑上作曲比较方便"。

无意中在sina前身四通利方的"电脑音乐论坛"中找到了交流电脑音乐制作技术的圈子,然后就自办论坛呼朋唤友,从"胡戈闹一次稻糠亩"到"胡戈的地下黑窝"再到现在的"音频应用",最初二十多人的圈子规模到现在已经有几千人,胡戈的网名也从"胡一刀"、"胡大胆"到现在的"驴半仙"。这个圈子里后来走出了职业作曲家如楚小帅,时常光顾的大腕音乐人也很多,如张亚东。1999年5月,他来到北京赛百威信息有限公司工作,同时用电脑继续圆他的音乐梦。

对中国玩电脑音乐的人来说,胡戈就是老大。他总是时刻掌握目前国际上最新的电脑音乐技术和软件,他撰写的电脑音乐教程是顶尖的行业教科书。"这个教程的方式很独特,里面有丰富的无厘头情节让人忍俊不禁。"朋友在博客中如此记录他。

"我的音乐没什么好谈的,听听就知道。现在我也就是做自己想做的音乐而已,我的音乐全部是手工作坊形式做成。到目前(1999年6月)为止,我一共完成了14首音乐作品,还有若干首作品有待完成。"他说。

第三节　胡戈风格已形成

《一个馒头引发的血案》

馒头制作:2005年12月18日,胡戈走进了电影院,铺天盖地的《无极》

广告让这个平时只看国外电影的音乐人有了一睹国产大制作风采的念头。两个小时后，走出电影院的胡戈就一个感觉，"不太好"。一股强烈的冲动涌上心头，他想自己动手去改一下这部投资超过3亿的贺岁大片。

> **《春运帝国》**
>
> 以陈道明在《十面埋伏》中扮演的秦始皇在电视上给其臣民们作新春致词开始，将话题引到春运上。它总长不过11分钟，却将《黑客帝国》的打斗、高速公路上的追捕，和周星驰的无厘头影片糅在一起。打斗与舞蹈结合，再配上《辣妹子》的音乐，春运变成了一件痛苦却又让人大笑的黑色幽默。

"好玩"，当初的想法其实很简单。

还有就是长期沉浸在音效世界里的胡戈有点厌倦了，最近一段时间他一直在琢磨着如何进入视频的天地，"以前也想做，但一直没找到适合修改的东西"。

胡戈似乎忘记了当年他动过《英雄》的念头。至少他曾经让包括林迪(上海地下乐队"冷酷仙境"的主唱)在内的几个朋友一起鼓掌制作音效，只是林迪们已经想不起来这部片子最终是否完成。

胡戈总是习惯性地厌倦，做久了一件事就会想着来点新鲜的。

大学毕业后在武汉的交通音乐频道主持每晚8点档的"国际流行频道"，每天说着"胡戈放歌，胡乱放歌"。两年后他厌倦了每天找音乐放音乐说音乐，做起了谈话节目"胡椒爆生姜"，很快他就发现自己依然每天不停地说着同样的话。

就在这时，刚迷上电脑音乐制作的胡戈制作的MIDI《战争与和平》在全国"创新杯"电脑音乐大赛中获得第一名。他

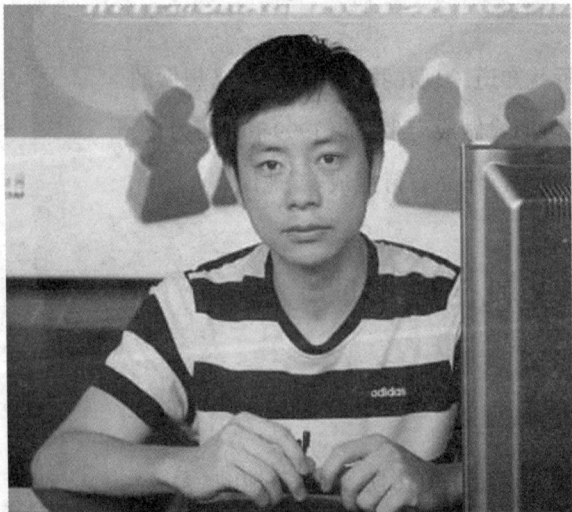

放弃了武汉的工作和生活,先到了北京,"将音乐器材卖给不懂操作的音乐人"。在北京待的时间不长,但胡戈学到了很多东西,"电脑音乐制作的技术越来越强"。下一站是上海,在电子乐器公司作曲,"就

馒头时代

胡戈之后遍地孪生"馒头"在胡戈《一个馒头引发的血案》引发官司争议后,针对这部短片又出现了大量恶搞作品,不仅有帝国时代版《无极》、漫画版《无极》,还出现了各种以"馒头"为标签的文字。

是制作电子琴的节奏和预存的那些乐曲"。然后就是辞职当起了自由职业者,整天和自己喜欢的音效打交道。

如今声音已经满足不了胡戈了,而陈凯歌这部"剧情什么都特别简单"的大作让胡戈找到了练手的机会,"学一些制作技巧"。

四五天后,《一个馒头引发的血案》的剧本出笼了。

形式:胡戈首先想到了自己一直在看的电视专题栏目《中国法制报道》,"看多了也就总结出了节目的套路"。片头,背景资料,主持人串场,甚至什么时候轮到广告出场,胡戈的剧本一如专业人士。

内容:"根据影片的画面,看画面可以改成什么样的效果,再用一个离奇的案件把它们穿起来"。于是圆环套圆环娱乐城里,在模特兼妻子张倾城面前,王总经理被杀,城管小队长真田成为嫌疑人。谈判专家陈满神找到了真正的嫌疑人张昆仑,但前来抓捕他的郎警官却和他产生了惺惺相惜的感情。随着目击证人谢无欢的登场,在一场充满

了RAP情绪的法庭审判之后，坏人死了，好人们幸福地生活在一起。

广告：这个如今电视中最重要的角色，胡戈的造诣也不低，"既然要做成电视片的形式，就要让它看起来更像那么回事。本来想找两个现成的，后来觉得那样没意思，就又编了两个进去"。构思完成后，胡戈又花了5天时间来制作——一个人两台电脑，《一个馒头引发的血案》问世了。

画面编辑：所有的工作中也许就这一块是胡戈陌生的，需要学习。至少他现在还在遗憾，"在剪辑、画面处理上有很多工作没有完成，还有一些原本设计好的剧情没有制作"。

配音：让所有人诧异的是，胡戈一个人完成了短片中无数人的声音——王经理的"太监音"，张倾城的"公鸭嗓"，谢无欢的"娘娘腔"、城管队长的"外国人学说中国话"，还有就是主持人最正宗的播音腔。这一切应该感谢那几年的音乐主持生涯，胡戈每天待在电台的小黑屋里说着同样的开场白和结束语，幻想着眼前无数的听众们正在陶醉中，锻炼出来的就是这副好嗓子。当年他甚至用自己的声音模仿乐器作伴奏来调侃蚊子，创作了原创音乐《蚊子蚊子我在这儿！》。

音乐编辑：这是胡戈最拿手的部分，也是胡戈此次最得意的地方。胡戈曾说自己的职业就是"捣鼓音乐"，他总是不自觉地喜欢挖掘音乐中的乐趣，在法庭辩论时配上一段RAP对白，用《茶山情歌》、《红梅赞》、《灰姑娘》、《走进新时代》等契合着再配音后的画面，"博大家一笑"。

2006年1月3日，在朋友的告知下，胡戈才发现自己的作品开始全国皆知了。后来的几天里，一夜成名的神话再次上演：这个城市的每个办公室

都在流传,"你看了那个馒头血案了吗?"无数的朋友打电话给胡戈,更有无数认识的和不认识的人将它贴到自己习惯浏览的每个论坛。《一个馒头引发的血案》成为网络搜索的热门,胡戈亲眼看着它的搜索排名逐渐超过本尊《无极》。媒体开始追逐胡戈,电视开始播映短片中的精彩之处,而胡戈也被邀请去电视台做直播节目。

用"新闻"继续发酵

胡戈的新作《××小区××号群租房整点新闻》在网上一经发布,便受到网友热烈追捧,大赞其"太有才了"。穿着非常不整齐的西装,脖子上随便系着一条领带的胡戈一本正经地出现在镜头前,跟大家问好:"观众朋友晚上好,这里是××小区××号群租房,欢迎收看本群租房的精彩节目。"

在这个7分多钟的视频里,胡戈以非常草根和搞笑的口吻讲述了发生在群租房里面的搞笑新闻,关注了当前的经济形势、环境保护、青少年网络成瘾、大学生就业形势等当下热点问题。大学生毕业后工作不好找怎么办,胡戈给大家指了一条"明"路:"大学生毕业之后将直接保送成为研究生进行深造,两年之后成为硕士,然后继续直接保送攻读博士学位,博士学位毕业后将直接保送壮士,再经过四年的学习,将直接攻读勇士,假如勇士读完之后,就业形式仍然不好将直接保送升入圣斗士……"整个视频制作得非常"精彩生动",不仅有胡戈的播报,还有现场采访的情况,更有人扮作记者在一旁记录。

挑战演艺圈

胡戈告诉记者，制作这个视频纯属"闲得无聊"，"稿子是我写的，写了三天，拍摄只用了一天，就在朋友家拍的，制作用了两天。"胡戈表示，《整点新闻》可能会做成一个系列，"表现我们青年人的生活情况和一些社会热点。"在这个视频中，除了"新闻"本身的内容非常搞笑之外，另一个亮点就是胡戈本人的播报了，他一直保持着严肃正经的表情。不仅有网友大赞他的普通话标准，更有网友建议帅气的胡戈就此进入演艺圈发展。当记者问他要是有人找他拍戏会不会同意时，胡戈立刻表示："那可以啊，欢迎啊！其实我从小就喜欢表演，现在年纪大了已经进不了演艺圈了，但是玩玩还是可以的。"

2008年底，一部接一部的大片不断上映，网友都很期待胡戈再一次恶搞大片。不过胡戈告诉记者，最近几部片子他都没有看过："《梅兰芳》和《非诚勿扰》我都没有看，不是我喜欢的类型，我可能会去看《叶问》。"对于会不会再拿大片开涮，胡戈表示"看机会"。

第七章　草根音乐组合——旭日阳刚

人物名片

2011年央视春晚，人们不是期待赵本山，而是期待着春晚的新人、民工组合"旭日阳刚"的精彩演唱，不是说他们有什么嘹亮的歌喉，而是他们本身的故事让人敬佩。每个民工都有自己的梦想，做明星是每个平凡人的梦想，能真正把梦想实现的少之又少，旭日阳刚组合用超出平凡人的意志坚守自己的音乐梦想。

第一节　走近人物

组合简介

旭日阳刚，是两位流浪歌手组成的音乐组合，主唱王旭，吉他手刘刚。2010年8月网络拍客将旭日阳刚唱歌的视频"农民工"版《春天里》上传到网上，使旭日阳刚一下子火了起来，受到不少网友和音乐人的追捧，从而摇身变为了网络红人。他们以其质朴无华的演唱风格红遍了各大视频网站以及各个网站的微博里，目前在人人网、优酷等各大网站论坛上疯传其视频作品。

今日成员简介

王旭,1966年5月24日出生于河南商丘。擅长:K歌,吉他,唱豫剧。爱好:听歌,打扑克,看小说。家庭成员:妻子,两个儿子。队中职务:和音,高音,主唱,配声。

刘刚,1981年11月11日出生于黑龙江牡丹江。擅长:玩吉他,唱歌,打游戏。爱好:唱民谣,听音乐,玩电子游戏。家庭成员:父母,自己。队中职务:吉他编曲,副唱,和音。

签浙江卫视

旭日阳刚2011年2月21日正式签约浙江卫视,成为浙江卫视节目《我爱记歌词》的领唱。浙江卫视表示,正积极为旭日阳刚寻找适合的歌曲,不排除重金买歌的可能。当家主持朱丹更是在节目中以栏目组的名义宣布:在三个月内打造出旭日阳刚的首支单曲。而对于近日传得沸沸扬扬的旭日阳刚二人不和,王旭在回应称:"两人绝不会单飞,王旭和刘刚缺一不可,否则就没有旭日阳刚。"

> **网友评论**
>
> 他们质朴有力的歌声感动了很多人,在网络和电视媒体上获得广泛关注。他们尽管不是专业歌手,但对音乐的"声与情"的关系把握得比专业歌手更专业。

第二节　草根的成名路

出名前的艰辛路

　　王旭今年46岁,1966年出生在河南省商丘市民权县的一个农场里,3岁的时候王旭就喜欢听大人们唱京剧,他很有天赋,听几遍就会唱,而且从不跑调。中学期间,王旭是农场学校的风云人物,20世纪80年代流行的歌曲,王旭几乎都会唱。中学毕业后,王旭回到家里务农。正巧当时中国正在推行农村联产承包责任制,家里人承包了十多亩苹果园。也就是在那个时候,王旭花了45块钱买了他人生中的第一把吉他,唱费翔的歌。在农场里,年轻时的王旭显得很"异类",留小胡子、穿皮裤、烫发,颇有点"披头士"的味道。那时候,爱唱歌会弹吉他的王旭在当地小有名气,联欢会上他还会现场露一手,然而性格有些叛逆的王旭天天只顾着自己拿着琴唱歌,无心看管苹果园。家里人为了让他收收心,经过媒人介绍王旭和邻村的王芝兰结了婚,那一年王旭22岁。没成想刚结婚一年,家里承包的苹果树都病死了,这让王旭一筹莫展,就在这个时候,县里歌舞团招收演员,结果王旭只唱了一首歌就被录取了。

　　成了歌舞团一员的收入虽然比卖苹果多了,但在外的花销大,依然不能补贴家里,而且王旭的儿子刚刚两岁,1993年27岁的王旭回到了民权县,埋头种起了庄稼。其间他和爱人王芝兰还一

起卖过馄饨,水果,但是家里的境遇并没有多大的改善,依然是当地比较贫穷的一户。

20世纪80年代末90年代初,王旭和志同道合的一帮人组建了歌舞团四处走穴,通常"夏忙"完,扔下锄头一走几个月,大儿子出生他都没守在老婆跟前。

这样闹腾几年,儿子渐渐长大,王旭想尽一个男人该尽的责任,便回家重新拾起锄头做回农民。在农场,他承包了15亩地种瓜果。2000年,经亲戚介绍,王旭到北京烧锅炉。而后10年,他在北京和开封之间游走,卖过水果、水煎包,唱过酒吧,一直游历在生活的底层,王旭很喜欢玩民谣吉他,而且唱得一嗓子好豫剧,平时最喜欢看的节目就是豫剧大师的表演。他走了很多地方,把民间快要失传的音乐素材和民间一些沧桑了的好声音搜集来配唱。王旭尝过太多艰辛,但他始终怀揣着对音乐的梦想。最终还是拿起吉他,站在了北京的地下通道,每到周末,王旭就带着吉他,到地铁站演唱醉逍遥……

也就是这一年,距离河南省民权县千里之外的黑龙江牡丹江地区,一个叫刘刚的小男孩,已经长到了12岁,这个小男孩最大的爱好就是天天跟着磁带学唱歌,那个时候他的理想就是当歌星,刘刚的家境很差,3岁的时候父母离异,他就和奶奶相依为命,1997年刘刚初中毕业后,为了不给家里增加负担,他入伍参军成了一名武警,被分配到吉林通化监狱。时间一晃,3年过去了,2000年刘刚回到了牡丹江,退伍之后的他没有正式工作,曾端过盘子

当过保安,但是从小当歌星的梦想从来没有放弃过,2002年5月,刘刚没有和家里人商量,独自买了一张前往北京的火车票,因为对于热爱音乐的他来说,想到北京碰碰运气。

2003年开始"北漂"至今8年的东北有志青年,虽然没有很高的文化,但在他流浪唱歌的6年里,刘刚说他最大的收获是明白了许多做人的道理,也感受到了人与人之间的真情。他说,一些人冷眼看他,认为当流浪歌手很愚蠢,是不务正业。亲戚也劝他回去做点正经事儿。刘刚却说,他是陷入了"自己和自己打仗"的状态。自己一无所有,年龄一天天增长,唱歌也许没有什么出路……然而这些忧虑,都在他听到观众给予的祝福和鼓励时被冲淡了。

在北京待了半年,连工作都没找到,更别说实现音乐梦想了。他不得不带着痛苦的记忆离开了北京,而在这一年的冬天,在河南老家务农的王旭,突然接到妹妹的一个电话,说给他在北京找了一个唱歌的工作。

到北京没多久,王旭打工的KTV倒闭了,至今老板还欠他半年的工资。没有办法,妹妹借给他4000块钱,让他开了一间露天大排档,因为生意很火,一个星期后,房东眼红收回自己经营了,妹妹只好又花了400元钱,通过中介,给他找了一个在夜总会唱歌的职位,但是只唱了两场,王旭就被辞退了。

初次闯荡北京,王旭和刘刚都是以失败收场,在北京的经历在他们心里一直都挥之不去,虽然有很多苦涩,但他们始终没有丢掉他们的唱歌梦想。2003年两人又不约而同地再次来到了北京。

虽然每个月只有1000块钱工资，但是王旭很满足，恰巧2003年非典肆虐，很多人都闭门不出，闲着没事他就给仓库的同事们唱歌，没成想同事们大夸王旭唱得好，一位同事为此还送给他一把吉他，并且他们还鼓励王旭可以去各个地下通道里唱歌赚点钱补贴家用。

打那以后，王旭一边上班一边在地下通道里唱歌。而再次来到北京的王旭这次带上了自己的媳妇，夫妻俩在北京租了一间七八平方米的房子。起初刘刚找了一个保安的活，但干了一周就听说这家公司好长时间开不出工资了，他只好辞职。

后来邻居把刘刚介绍到一个酒吧，每个月800元，他欣然接受，但是3个月后，因为唱歌水平有限，刘刚不得不再次选择离开。一起在酒吧里唱歌的哥们就带着刘刚一起去了地下过街通道。

从2003年开始，王旭和刘刚在北京开始了流浪歌手的生涯，他们在这里尝尽了人生中的酸甜苦辣。

刘刚说："记得有一次晚上，有三个男的两个女的好像喝多了，往那儿放了两块钱，他说你能再唱一首老歌吗，我说可以啊。我就想了想，我给你唱一首《恰似你的温柔》吧，他说什么？我说恰似你的温柔啊，完了他就卡着我的脖子，他说那我就掐死你吧，卡着我脖子，把我靠在墙上。后来我确实很生气，我就跟他骂起来，旁边有个画画的就给拉开了，说他们是醉鬼，你别跟他们一样。特别难受。"

星光大道获奖

他们用极其震撼感人肺腑的天籁感动全场，他们没有华丽的外表，没有成熟的舞台表演经验，没有强大的助演团，最终用最朴实最富有真挚感情的歌声，征服了评委，征服了观众，成为星光大道开办以来第一组荣获周冠军的农民工组合选手。

王旭和刘刚在地下通道里唱歌，每个月获得的收入也就一千多块钱，虽然过不上很好的生活，但是可以勉强维持生计，2004年冬天，这两个为了同一个梦想的人终于相遇了。

初次见面，王旭和刘刚对彼此的印象都算是一般，后来经过朋友介绍，再加上两人经常在一个地下通道里唱歌，随后渐渐地成为了朋友，日子还像以前一样机械地过着，直到2009年8月的一个晚上，他们一个无意之举，改变了两个人之后的生活和命运，也成就了他们成为春晚明星的梦想。

刘刚说刚到北京就感觉这个城市太大了，感觉自己挺无助的那种感觉，然后哥几个坐一块弹弹琴，完了喝点酒聊聊天，《春天里》总唱，可能朋友吧很随意地就给录下来了。

王旭说从来没拍过视频，然后那天也是喝得挺兴奋的，确实挺热的，我就脱了吧。脱了唱，那个酒劲一上来，那兄弟就在边上看着，就给我们录上了。

酒后的一次随意演唱，被手机拍摄的粗糙视频，竟被无数人转载推荐，并以疯狂的速递席卷了整个网络，播放次数超过千万，是这兄弟俩没想到的。而上传视频时，朋友随手起的名字"旭日阳刚"也让他们身不由己地"被组合"，随后几位大学生主动找到王旭和刘刚，要免费为他们拍摄MV。就连湖南省委书记周强在开会时都特意提到这段视频，称多次让自己热泪盈眶。全国的媒体也蜂拥而来，邀请他们做嘉宾，把他们称为平民偶像。

梦想、坚持、底层的呐喊，这些附加在旭日阳刚身上的词语，让他们成为了感动和震撼的代名词。而当人们从他们身上汲取了力量之后，留给他们的现实却又显得有些无奈，依然住在简陋的出租屋里，生活除了更加疲惫和奔波之外，并没有明显的改善。因为采访太多，王旭不得不暂时放弃原先的库管工作，而刘刚甚至没法像以前一样到地下通道里唱歌了。

他曾说："我们不想做什么明星，也

网易网友评论

他们是最可爱的人，辛勤地劳作，赚点微薄的工资；每个月的某一天都会到邮局排队，寄钱给家人，给小孩买文具、买衣服、养家糊口；自己在工地受伤也不敢告诉家人，真的很伟大！

不指望挣多少钱。现在的生活我们很满足，就是能有我们自己的一个舞台，能开一次演唱会就足够了。挣到的钱都捐给希望小学，我说的都是真心话！现在就想捐点，有心无力。"从中可以看出他们的执著与坚持而又充满了爱心。刚子还说："我没什么文化，也从没有想过要包装自己，朋友建议我去选秀，我没有去，我只想用我的音乐去唱出我和老大哥的心声，多交朋友，朋友们在一起坐坐，喝酒唱歌！"

旭日阳刚上央视春晚

2011年央视春晚，人们不是期待赵本山，而是期待着春晚的新人、民工组合"旭日阳刚"的精彩演唱，不是说他们有什么嘹亮的歌喉，而是他们本身的故事让人敬佩，让人鼓舞。每个人的成功，背后都有很多辛酸不为人知，旭日阳刚更是如此。他们没有成名前为了混温饱，把锅换了3块钱买馒头吃，成名后也只是租400元的房子住。他们成名了没有那么招摇过市，而是继续他们的民工歌曲之路。《春天里》的演唱是汪峰，当初没有这么

火,而当旭日阳刚唱出《春天里》的时候,持续在网路蹿红,其走红的原因很简单,民工是个特殊的群体,为民工而唱的歌曲非常的少,更别说引起民工共鸣的歌曲了。《春天里》的歌词很有生活意境,民工的生活确实是如歌中所唱:"没有信用卡没有她,没有24小时热水的家,可当初的我是那么快乐,虽然只有一把破木吉他在街上,在桥下在田野中唱着

那无人问津的歌谣"确实很有感触。下了夜班没有热水,基本都是冷水洗澡,每个民工都有自己的梦想,做明星是每个平凡人的梦想,能真正把梦想实现的少之又少,旭日阳刚组合用超出平凡人的意志坚守自己的音乐梦想。央视春晚2011年大量融入了草根文化才是真正的进步。

兔年春晚整体太严肃了,魔术泛滥,歌舞繁衍,小品给力的很少,而旭日阳刚上场演唱的前几句破音了,这很充分地证明旭日阳刚是在真唱。新浪微博上有一位博友说到央视太势力了,明星可以假唱,草根就得真唱。不管是真唱还是假唱,不管是草根还是明星,唱歌就得对得起自己的良心。能走到春晚的舞台肯定是非常的荣幸,中国有13亿人,能上这个舞台就是非常的受瞩目,旭日阳刚作为一个民工组合第一次登上这么重量级的舞台我们可以理解他们的,他们所演唱和代表的精神不是精彩绝伦的视觉感受,而是他们所带来那种民工精神,沧桑的声音,动情的演唱,数不尽民工万分辛酸,道不完民工背后的苦难。

春晚舞台上的旭日阳刚一张口就显得非常紧张，声音颤抖甚至有些跑调，与大腕明星们相比，无论是表演，还是舞台经验都很不专业，但他们的真诚却足以打动很多人。

对于自己在春晚上的处女秀，旭日阳刚表示还是满意的，借助春晚的推动，也无疑会让本已被大众所熟知的兄弟俩火上加火，这也更加坚定了他们的音乐梦想。旭日阳刚是好样的，不管将来的道路如何崎岖，如何坎坷，他们能一直坚持自己的音乐梦想。

演唱风格

旭日阳刚唱了7首催人奋进的歌曲，包括汪峰的《春天里》等尽显沧桑的歌曲，同时还有杨坤等知名歌手的歌曲，在他们的演绎下多了分朴实与激情，尤其是在春天里，刘刚和"大叔"光着膀子激情演唱得到了众网友的一致赞赏：强壮的爷们儿体格，沙哑沧桑的迷人歌喉。是一个很有前途的新兴力量。目前旭日阳刚的原创音乐已有CD做出，近期可能会挑选部分上传至刘刚的优酷空间。

2010怒放摇滚英雄演唱会上海站于11月13日晚上在上海八万人体育场举行。7日下午，汪峰现身北京某录音室进行彩排，当日和他一块彩排的还有旭日阳刚。汪峰称邀请他们一起到上海为"怒放"献唱。

一直视汪峰为偶像的旭日阳刚接到主办方的邀请之后非常激动。当天到了录音室和汪峰一起彩排合唱了《春天里》，一曲唱完在场的人都鼓掌，汪峰自己也伸出大拇指表示很棒。

旭日阳刚的成功经历和坚持，也让人了解到真正的特色音乐都来自于民间，靠的是积累，而不是在学校的理论课中能学到的。所以音乐爱

好者们要多注重来自民间的东西,了解到真正的精髓,不能让它失传。

令人十分惊异的是,"旭日阳刚"的视频之后是"史上最文明、最干净的跟帖",没有网上常见的愤世嫉俗和相互攻击,只有深深的感动。上海松江网友在跟帖中怀念12年前在深圳打工的日子,

> **"史上最干净跟帖"**
>
> 农村长大、进城打工、生活在社会的底层,这些因素让"旭日阳刚"这两位农民工吸引了大量的粉丝。他的粉丝被称为"钢蹦",除了好听、好记,也非常具有草根特点。很多粉丝听过他们的《春天里》会想起农村的老家,儿时的伙伴,进城后满腹的委屈无人诉说,漂泊多年依然居无定所,生活在别人的城市,还有那未知的明天,只能靠流泪来释放自我。

想起那些各奔东西的好兄弟:"800块钱一个月,早上7点半做到晚上11点,一个月休一天;抓无暂住证时,躲到后山上;找不到工作,买不起盒饭,舍不得坐摩的,边走边唱;过年买不到火车票回家,几个兄弟大年三十在宿舍里喝着啤酒唱到哭。"

福建三明、山西晋中等地的网友建议:"这首歌必须上春晚,因为中国有两亿农民工兄弟,让全国人都能听到打工者的心声!"

记者浏览网友留言发现,很多网友都被他们的经历和歌声中的苍凉所触动。而且其中很多人都有过相似或者类似的经历,"旭日阳刚"的执著是他们所没能坚持的,"旭日阳刚"的今天是他们曾经向往的。在鼓励、支持"旭日阳刚"的同时,很多人都在找寻、激励着自己继续追求自己的梦想。

第三节　旭日阳刚演出经历

《我爱记歌词》感动全场

10月29日浙江卫视《我爱记歌词》邀请到旭日阳刚现场演绎"农民工"版《春天里》。期间栏目组全体领唱起立致意,现场观众情绪高涨,栏目组乐手都一度感动落泪了。有网友这样来描述他们:"没有耀眼的舞台,没有

华丽的歌喉，方寸蜗居，满桌剩酒，赤膊的农民工兄弟吼出了关于生命的豪放，青春安在？这时光里的情怀不是明媚是苍凉。此景、此情、此刻，他们的、你们的、我们的青春早已无处安放。有那么一天如果我们老无所依，有那么一刻也许我们会悄然离去，请把这爱情的记忆、生活的迷离、命运的思绪留下吧，还有我，一道埋在这满目疮痍的春天里，一如那哑哑的声线和着潸然泪下的歌曲。总有一种力量让我们不再忧虑，总有一种感动让我们有流泪的勇气。"这是旭日阳刚第一次正式进入公众视野。

《星光大道》2010年周、月冠军、年度总决赛亚军，11月6日央视三套

《星光大道》舞台上,一对"农民工"歌手的演唱征服了荧屏内外的观众,略带沧桑与悲壮的一首《春天里》让很多观众潸然泪下,感动不已,他们毫无异议地摘得周冠军。节目之外,也有很多人在关注他们,其中反响最大的是湖南省委书记周强。据《湖南日报》报道,11月7日,省委书记周强在省委常委中心组集中学习上要求广大党员干部把群众的呼声作为工作第一信号,他举例说:"最近互联网上流行的两位农民工歌手演唱的歌曲《春天里》,反映了农民工群体的真实心声,听来非常感人,这首歌多次让自己热泪盈眶。"资深文化评论人韩浩月对于这一事件能够打动官员感到很惊讶,他向东莞时报分析说,农民工翻唱的《春天里》之所以持续升温,其本质原因并不在于作品过硬的质量,而在于这两部作品将视线对准了一直被忽略的弱势群体,"歌词本身就容易引起人的情感共鸣,但主要还是他们自然流露的原生态的演绎方式和农民工的身份,触动了人们的内心。"

旭日阳刚领衔"贺岁春晚"

曾成功推出阿宝、李玉刚、凤凰传奇等平民偶像的 "星光大道",自2004年以来本着"百姓自娱自乐"的精神成为了家喻户晓的百姓舞台,改变了很多普通人的人生轨迹。2011年大年初二、初三,由众多"星光大道"月冠军组成的演员阵容,将在北展剧场上演"贺岁春晚",由当下最炙手可热的农民工歌手"旭日阳刚"领衔的演出团队亮出各自绝活,讲述自己的故事。此次的演出阵容包括了盲人歌手杨光、原生态歌手王二妮、范伟模仿者高晓波、蒙古长调歌手沙日娜等,而在举行的媒体见面会上,演员们更是以各自拿手的小节目为演出预热。二人转搭档"相当组合"转动起桌布大小的"手绢"、

网友评论

旭日阳刚一曲"春天里"唱出了大腕儿明星炫耀和灯红酒绿背后大众民生的真实生活,不仅展示了充斥媒体的帝王将相、才子佳人、达官贵人演绎华丽背后的真实世界,更是对现实无奈的宣言。

被称作有"一袋子才艺"的刘大成就着现场盆栽中的一片叶子吹起了旋律，近期因翻唱了一首民工版《春天里》而在网络上有着极高人气的北漂农民工组合"旭日阳刚"，则用苍凉的声音唱起了汪峰的《怒放的生命》。谈及这首最新排演的曲目，他们表示这只是正在为晚会挑选的若干首歌曲中的一首。

继获得《星光大道》周冠军后，"农民工组合"旭日阳刚能否获得月冠军成为大众关注的焦点。2010年12月27日晚，谜底终于揭晓：在当晚播出的《星光大道》月赛中，旭日阳刚脱颖而出，成功夺得月冠军。下个月，旭日阳刚将与其他月冠军再次PK，角逐《星光大道》年冠军称号。如果届时依然能成功晋级，旭日阳刚将有望登上央视春晚的舞台。12月27日，旭日阳刚果然不负众望，在《我要上春晚》节目中脱颖而出，拿到了春晚的入场券。因演唱"农民工"版《春天里》而走红的流浪歌手组合——旭日阳刚获得了参加2011央视春晚演出的通行证。他们是首个通过央视三套(综艺频

道)《我要上春晚》栏目直接登陆"春晚"舞台的草根明星组合。

2011年，他们成功登上了央视春晚，歌唱《春天里》，使演艺生涯攀上了一个新的高峰。2月12日，旭日阳刚再接再厉，获得了2010年度星光大道总决赛第二组分组冠军。2月17日，旭日阳刚演

> **旭日阳刚亮相奢侈会所**
>
> 天津卫视年度娱乐盛事《王者归来》十大巨星模仿秀，在北京"兰会所"举行启动仪式发布会。据悉，该活动将在成都等十城市展开巡回路演。旭日阳刚、贾玲、白凯南等昨日作为草根明星代表出席发布会，旭日阳刚现场模仿了张雨生的经典歌曲《我的未来不是梦》。谈到心中偶像，他们则表示是"汪峰大哥"。

唱的歌曲《春天里》获得了春晚节目的一等奖。2月17日，旭日阳刚在央视元宵晚会歌唱《我的未来不是梦》，再次感动观众。2011年2月25日，旭日阳刚再次登陆《我爱记歌词》。2011年2月26日，旭日阳刚《老乡见老乡》面世。2011年3月4日，第一张单曲《平凡的精彩》录制完毕。2011年5月9日，旭日阳刚随CCTV《欢乐中国行·走进法门寺》，2011年6月3日，旭日阳刚首次在《我爱记歌词》中做领唱，2011年6月24日，旭日阳刚再次在《我爱记歌词》中做领唱。2011年10月30日，旭日阳刚参加太原"晋情唱享·移动之夜"演唱了《今生缘》。

与川子再续《今生缘》

旭日阳刚的新单曲选定了十三月唱片公司歌手川子的成名曲《今生缘》，旭日阳刚两兄弟于2011年2月16日深夜到达位于北京市朝阳区的十三月唱片录音棚，同川子一起完成了新歌的录音。而旭日阳刚也在2月17日晚湖南卫视的元宵喜乐会上现场演唱了这首歌。

旭日阳刚和川子的缘分始于春节前的一次某电视台晚会的节目录制现场。旭日阳刚兄弟二人之前就一直很喜欢川子的歌，当时，兄弟俩跟川子就聊得非常投机，也初步定下了合唱《今生缘》这样的一个合作意向。十三月唱片歌手川子一直以朴实、平易近人的曲风受到大家的喜爱，对于此次合作，川子说道："我自己就是从底层一步步走过来的，也有过

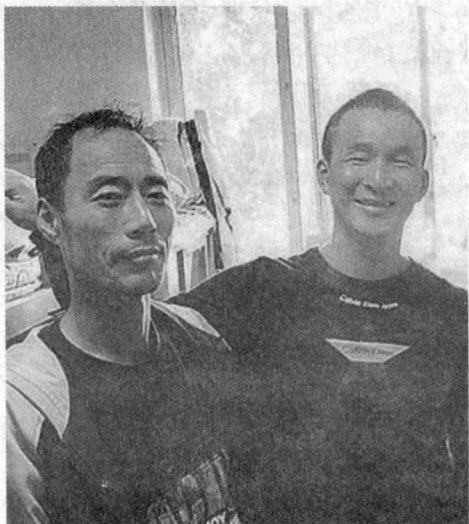

街头卖唱的经历，只是这几年有足够的幸运，签到了一家好的唱片公司，自己的歌得到大家认可。旭日阳刚兄弟俩的经历，对我来说，其实是感同身受。也希望这两兄弟的艺术生命力能够更长一些。"十三月唱片CEO卢中强表示，这种合作是一种双赢的选择。从音乐本身来讲，川子的歌曲多为朴实的草根风格，而《今生缘》又是讲述兄弟情谊的一首歌，曲风真挚，具有很强的爆发力，非常适合旭日阳刚组合的气质。从商业角度来讲，一方面，川子可以抓住这样一个热点事件，得到更多的曝光率，为川子接下来的商演带来更多的机会；另一方面，通过这次合作，旭日阳刚也将获得的音乐上的又一次助力，毕竟《今生缘》这首歌已经具备了很强的市场认知度。

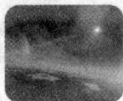

第八章　最帅交警的马路人生

人物传奇

　　他是一名交警,也是典型的80后,每当日出东方、夕阳西下时分,密集的车流中总有一名身姿挺拔、相貌俊朗的年轻交警,用规范如表演般的手势指挥着来往车流,八年如一日。"为群众办好每一件小事"是他对自己一成不变的要求。从警八年处理交通事故和纠违无数没有一起投诉复议,孟昆玉凭借自己的个人魅力、规范专业的执法、和善有礼的举止在和平门路口俘获了人们的心。

第一节　走近人物

个人简介

　　孟昆玉,男,1981年生,2001年7月参加公安工作,现为北京交管局西城交通支队广安门大队副大队长。提起小孟,无论是队里的领导同事还是和平门岗周围的居民司机,没有不夸他的。不是因为他长得帅,而是因为他的勤奋、他的敬业、他的真诚、他的服务、他的奉献深深打动了每一个人。

人物生平

　　孟昆玉同志从警8年硕果累累,先后荣立个人一等功1次,二等功1次,三等功3次,嘉奖2次,2006年被评为"百姓心中好交警",2007年被评为青

年执法标兵,2008年被评为奥运交通安保标兵和"微笑北京交警之星",2009年又荣获了首都"五一"劳动奖章,受邀参加市委政法委"学习实践科学发展观巡讲团"和北京市公安局"平凡颂"演讲报告会。孟昆玉在平凡的岗位上,做出了不平凡的业绩。

他被网友誉为"北京最帅交警",而且是黄晓明在电影《爱情呼叫转移》中饰演的交警的原型,他就是28岁的孟昆玉,北京市公安局交通管理局宣武交通支队广安门大队的一位民警。2009年8月10日的《新闻联播》播出他的事迹——《不平凡的民警》。他,被行人称为"北京最帅交警";他,被网友视为电影《爱情呼叫转移》里帅哥交警的原型;他,会在司机突发心脏病的时候及时递上速效救心丸;他,在拥挤的闹市开辟了绿色通道急救伤员。无论是队里的领导、同事还是和平门岗周围的居民司机,没有不夸孟昆玉的。不是因为他长得帅,而是因为他的勤奋和敬业,真诚和奉献深深打动了每一个人。他就是孟昆玉,一位阳光、帅气的80后年轻民警。事迹一经报道,全国各大媒体如中央电视台、北京电视台、凤凰卫视、《人民日报》《光明日报》、环球网、搜狐网、新浪网、《光明日报》、新华社、中国新闻网、《新京报》《京华时报》《中国经济时报》等争相报道。

第二节　平凡的工作不平凡的人生

阳光的80后小伙

"没事上网时会去开心网偷个菜或抢个车位,有时去猫扑和天涯跟跟

帖子。歌手的话，喜欢周华健、庞龙、蔡琴。周杰伦的歌爱听但不会唱。演员呢，喜欢李幼斌、陈道明、佟大为、赵薇、斯琴高娃。""偶像是周恩来总理。我觉得他十分睿智，他的一举一动将一个中国人的大气、风范体现得特别好。""站岗太

闷时，就会自己找乐解乏。比如和问路者多聊几句，瞟一眼路过的美女，看看经过的好车。"

　　看到这些话的你，是不是忍不住地要会心一笑？褪下警服，生活中的孟昆玉就是这样一个朝气蓬勃的80后年轻小伙子。"我爸妈是非常朴实的人。家里给我影响最大的是我爷爷。我爷爷真的是一身正气，在丰台区，所有的人都很敬重他。"在温馨家庭环境中长大的孟昆玉，心思单纯，内心没有什么阴暗面。

　　"我最喜欢天蓝色，因为这色看起来十分舒服。"小时候的孟昆玉，特别希望家里带他去北戴河看海，但家里一直没有帮他实现这个愿望。后来还是他到警队后，他自己与同事一起去了的这个愿念。"我弟今年2月份去了巴厘岛，回来后看他拍的照片，真的好美，像人间天堂。我真希望自己有假期时，也能去趟那里。"

　　孟昆玉不但喜欢海，还喜欢车。"目前最喜欢的牌子是花冠。"孟昆玉说执勤时经常能看到好车，如果没事时，他会跟一程过过眼瘾。有时开好车的人违章了，处理完事故，他会向他们打听打听车的性能、特点。"有一次

看了辆林肯'领航员'的内饰,真让我大开眼界。"

爱车的他有着不赖的车技,尤其是特种驾驶技术。在奥运会期间,孟昆玉被抽调去为奥运会公路自行车比赛带路,这在中国警察史上是第一次。"我们之前在工作中骑的是小排量摩托车,但比赛要求我们骑的都是大排量的车,好几百斤重,一开始很不熟练。最开始训练时,大家经常被摔得鼻青脸肿的。"但最终孟昆玉领航的比利时选手夺得了银牌,"当时好高兴。它都可以算是我近两年来最得意的事了。"

别看他工作时各方面几近完美,一旦回到现实生活中,孟昆玉有时可"马大哈"了。"警察手上一般不让带戒指,所以我一直把婚戒挂在脖子上。"一次朋友聚会中,孟昆玉喝了点酒去冲澡,出来后就发现戒指不见了。"当时也没喝醉,但不知怎么就给弄丢了。"内心焦急的他将所在房间里里外外找了个遍,依旧没有寻到戒指踪影。他还嘱咐朋友如果找到了一定要还给他,因为这对他来说具有独一无二的意义,但到现在一直没有谁捡到。"为此,我觉得自己特对不起老婆。"孟昆玉一脸歉疚地说。

阳光男孩也有沮丧的时候。孟昆玉说每次碰到支持、理解自己工作的人,就会有说不出的开心。但并不是所有人都这样。有时下雨天,一些司机会在经过孟昆玉身边时,故意加速溅躲闪不及的孟昆玉满头满脸一身水,"每当这时内心都无比沮丧"。

有时,还会发生无厘头的糗事。那是2007年冬的一天,下雪路滑。正在执勤的孟昆玉接到一

孟昆玉的话

虽然我的工资不算高,可我每天都过得实实在在的,我觉着自己被大家需要,找到了自己的价值。如果让我再选一次,我还当交警!"

起交通事故报警,二话没说的他跨上摩托车就往事发地点赶去。在离目的地还几十米远时,车轮打滑侧翻,孟昆玉连人带车一路摔滑到正在等待事故处理的两个司机面前。"当时甭提多狼狈了。双方司机见我摔成这样很不好意思,都说算了,这事故我们自己私下解决好了。"至今提起,孟昆玉神色中仍有几分尴尬。

童年时玩跳皮筋、打乒乓球、踢毽子,少年时看《圣斗士星矢》和《足球小将》,玩魂斗罗游戏长大的孟昆玉,承载的青春记忆、一路走过的痕迹是80后群体的一个缩影。孟昆玉对自己的评价是懂事,能负责任。谁说80后没有担当? 孟昆玉就是一例很好的明证。

出乎意料成了最帅交警

8年来,交警孟昆玉总是穿着一件绿色的交警马甲,别着黑色的传呼机,脚上的黑色皮鞋沾着灰尘。在南城拥堵的十字街头,这个北京小伙子时常绷着脸,蹙着眉头俨然一副典型而寻常的交警形象。

不过,不久前,孟昆玉却突然在网络上火了起来。许多人甚至给他戴了个"北京最帅交警"的高帽。

事情的起因是,3个中国政法大学的学生出于好玩,跟踪拍摄了十几个孟昆玉执勤的手机视频。在视频里,居民老李每次经过和平门路口的时候,总要嘲笑这个"娃娃交警":小伙子刚来的时候,手势"打得跟豆腐似的,特别烂"。

人们在视频里看到过年轻交警和违章司机的纠葛。一个出租车司机压了白线,还闯了红灯,孟昆玉冲到司机面前,理直气壮地立正、敬礼。但据说,接下来他却"犯了糊涂",低下头,红了脸,眨

> **同事眼中的"实力派"**
>
> 他创立的"孟昆玉指挥法"被北京市交管局推广。他还倡议交警队和医院建立了生命绿色通道保障组。2008年孟昆玉被评为奥运交通安保标兵和"微笑北京交警之星",他全新的"人性化的执法"、"微笑执法"为当前人性化执法与服务型政府的改革提供了可贵的探索。

巴着长长的睫毛，不好意思说出"罚款"这两个字。

视频还记录下，他曾在两分钟内遇到了11个问路的行人。人群里，他腼腆地笑着，手忙脚乱地指向各个方向："您往东走100米"；"您过了这个马路，再坐那公交车"；"您这个地儿，我还真不太熟"。视频拍摄者这样评价："您见过这么'唐僧'的交警吗？"

这些视频传送到网上，没过几个小时，点击数便达到了上万人次。此后，关于孟昆玉的每个视频，几乎都受到了追捧。有人在留言里夸小孟是个负责的好交警，有人称赞他的纯真可爱，有人甚至声称要"成为北京最帅交警孟昆玉的死忠粉丝"。

面对这些留言，小孟每天都"没事儿偷着乐"。有空了，他还会上网搜一下自己的名字，然后不好意思地逐条浏览"这些肉麻的崇拜"。新婚妻子偶尔戏谑地说他"你也成名人了呢"，他则红着脸挠挠头。

网络正在改变他的生活。往往有行人认出他来，指指点点，"这不是那个北京最帅交警吗？"执勤时，还经常有女粉丝掏出手机，央求跟"北京最帅交警"合影。有一次，一辆宝马撞上了一部公交车，老板模样的宝马车主和五大三粗的公交车司机动上了手。他跑到中间，扯开两人，准备了一套啰哩巴唆的"说教"。还没等开口，宝马车主就嚷嚷："你就是那个最帅交警！这事儿我不闹了。"小孟欣慰地发现，原来这个称号还能带来工作上的便利。

日复一日"站马路"

马路上，夏天地表温度能达到六十多摄氏度，虽然穿着2厘米厚的

鞋子,还是觉得烤,汗顺着前额,流进眼里,裤子里,扎腰带的地方,长出一圈痱子。

2009年8月7日,早上7点整,孟昆玉骑着一辆白色本田摩托,到和平门路口执勤。

一个漂亮的转弯,车刹住,停稳。他掏出白色的手套,戴上,走到马路中间。他干的工作,和所有交警并无二致,指挥车辆,疏导交通,查处违法行为。不一样的只是他对自己要求极严。比如姿势。站在和平门路口,孟昆玉开始指挥交通。他抬起右臂,摆到和身体呈45度角,连续挥动,示意车辆前行,每个动作,都会在空中有个停顿,而不是甩出去。

在和平门地铁口看车的付大爷说,小孟的姿势,一直这么规矩。一直的含义,是每次近三个小时,将近八年的日出日落、春夏秋冬。看着很小的事情,坚持下来也并不是件容易的事。孟昆玉的身上,存在着一种反差。这种反差,让他显得特别。他是80后,却敬业奉献不自我。

2001年,孟昆玉从北京警察学校毕业后被分配到宣武区交警支队广

安门大队工作。一直带他的警官孙海丰说，八年来，孟昆玉没有请过一次假。

宣武交通支队广安门大队队长吴艳辉说，不论是哪类奖项，只要小孟获奖，全队人都会真心祝贺，没人妒忌，更没人跟他攀比，"一年干得好，没什么，可如果连续八年干得好，谁都会服气"，他说，小孟就是"八年干得好"的超级强人，月月绩效考核名列前茅。

在宣武交通支队副支队长韩志勇眼里，小孟不像80后，更像是60后，八年没犯过懒，没休过年假，任何时间接受任何任务，回复总是七个字，"好的，没问题，放心"。

无私奉献有大爱

虽然小孟这些年干出了成绩，也获得了许多人一辈子都得不到的荣誉，但这些成绩和荣誉与小孟的辛勤付出是分不开的，其中的酸甜苦辣也只有小孟自己才知道。多年的劳作让年纪轻轻的小孟患了胆结石和肾结石等很多病，而且正以每年一种的速度在发展，十几个小时的站班常常让小孟的腰直不起来，腿不敢打弯。由于工作上的原因他常年住在队里，很少有时间能陪陪家人和朋友，在小孟的时间表里，加班已成为一种常态，特别是奥运期间，他连续122天没有回家。

不能说这些对小孟的生活没有影响，本是帅气阳光聪明的小伙却先后谈了二十几个女朋友都没能成功。但这些都没有让小孟太放在心上，他自己最感遗憾的是这些年来对不起他的家人，特别是他的妈妈。在孟昆玉的心目中，她的妈妈是世间最好的妈妈。忘不了他小时候妈妈在夜空下讲的故事，忘不了妈妈含辛茹苦供他上学的操劳，忘不了妈妈在他工作后的

谆谆教导,忘不了妈妈渴盼他放假回家时喜悦……然而一场灾难降临在他妈妈的身上。

2007年下半年,她妈妈被诊断出患了乳腺癌而住进了北京肿瘤医院。那时,正值十七大保卫工作期间,作为十七大代表重要的交通路线,孟昆玉带领和平门岗组的民警从9月就开始全力以赴进入战前的秩序环境整治工作中,一直没有休息。他是"十一"放假回家才得知妈妈的病情。10月15日是孟妈妈手术的日子,也是十七大开幕的日子。老人拉着儿子的手不住的掉眼泪,她多么希望儿子能守在身边啊!但自古忠孝不能两全,小孟只是早起陪了陪母亲,就毅然返回了工作岗位。在整个十七大保卫前后,小孟一天也没有耽误过工作。

2008年8月12日,孟妈妈因癌细胞扩散再次住院进行手术。那时北京奥运会刚刚开始,作为奥运会警车带路队的一员,孟昆玉负责奥运村的和奥林匹克中心区的巡逻任务,他只能把照顾母亲的重担交给了自己的女朋友,始终没能陪伴在病床边。当看到父亲发来"手术成功,病情基本稳定,要安心工作"的短信时,孟昆玉这个七尺男儿再也控制不住自己,失声痛哭。

都说男儿有泪不轻弹,那也是只缘未到伤心处。孟昆玉不是无情,但他把情放在了为人民为国家为社会服务上;孟昆玉不是无爱,他是把爱遍洒在人民群众心目中。孟昆玉是平凡的,但他也是不平凡的。

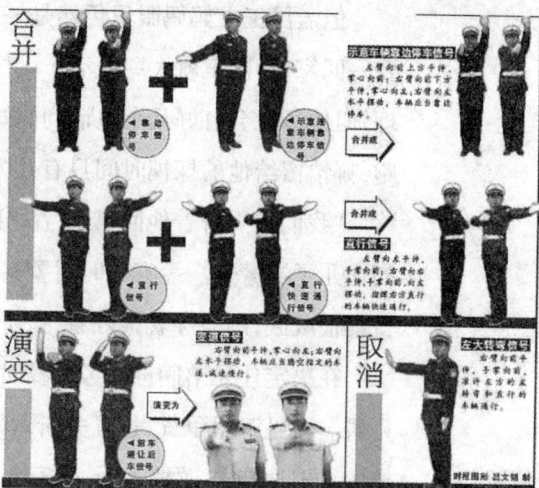

荧光棒辅助指挥

新的交通指挥手势中还有一种辅助指挥手势信号,即交警手中的发光棒和荧光棒。在夜间及雨、雪、雾等光线较暗或照明条件差的天气条件下,民警可用右手持发光棒或荧光棒指挥疏导车辆、行人。要求是,右手持棒并保持发光棒始终与右臂处于同一条直线。动作与8种新手势一致。

但孟昆玉在妈妈眼里仍然是一个孝顺的孩子。因为回家太少,每次只要一回家,孟昆玉就大肆揽活干。住院期间,孟昆玉虽然不能在病床边护理,但他每天会打好几个电话问妈妈的情况。下班只要一有时间就往医院跑,哪怕留给他的探视时间只有几分钟。

"我们天天盼着他回家。"孟妈妈说。尽管心疼儿子,但她并不后悔当初让儿子当警察。孟家那时对警察的概念其实很模糊:"我们当时只觉得警察很威武,制服穿着很好看,孩子也喜欢,就让他去报考了。"

在决定让兄弟俩谁去考警校时,孟家一致把票投给了学习成绩好的哥哥。孟昆玉很争气,过五关斩六将地通过层层严格选拔,顺利拿到了警校的录取通知书。"那一天,全家人都特别激动。"孟妈妈仍清楚记得当时的心情。

从孟昆玉工作第一天开始,孟爸爸就告诫他要踏踏实实地干好自己的本职:"我们也没什么大道理教给孩子,就是要他认真工作,服从组织安

排,听领导的话。"

孟昆玉没有令家人失望。自进队后,各项荣誉纷至沓来。获奖一多, 家人对他得奖渐渐麻木起来,就如孟昆仲所说:"最开始他得三等功时,家里人无比高兴;后来又立了个二等功,我们觉得太美太美

了;再后来他立一等功时,我们觉得不错不错。"而在孟妈妈的印象里,家里好像从来没有为儿子的得奖额外庆祝过。

可家里人清楚孟昆玉收获这些荣耀背后所付出的艰辛:经常不能回家、回家还得写材料、背业务知识、周六周日没有休息、睡眠不足、肾结石胆结石缠身……"我哥真是任劳任怨。这些年他从来没有胖过,只瞅着他越来越瘦。"

最后,让我们再听听他的充满自信和坚定的豪迈誓言吧:"有我在,道路不会堵;有我在,交通最安全;有我在,社会更和谐!"孟昆玉以全部身心抒写了一名普通交警奉献首都交通管理和谐发展的平凡之歌。

第三节 在平凡的岗位做出不平凡的事

精于业务肯钻研

谈起小孟,还得从他刚刚参加工作时说起。那时,他还是一个理想主义者,对一切都满怀着憧憬。然而很快,他的热情就兜头浇了一盆冷水。记得第一次上岗,站在路口中间,看着车水马龙川流不息,耳边全是嘈嘈的噪声,他的头立刻大了起来,原本看老民警游刃有余的指挥,到了自己手里却不知如何是好。很快路口就乱了起来,汽车鸣笛声,司机行人的埋怨

声此起彼伏。那天他不知是怎么从岗台上下来的。这件事让小孟很沮丧，原来这么简单的事我都干不好，但也给生性好强的小孟以猛的一击，他下定决心，一定要赶上去。

从此他开始苦学交通管理业务。那时，正值《道路交通安全法》刚刚颁布实施，为了尽快掌握，他每天都要拿出几个小时反复理解消化记忆。为确保效果，他写了四千多字的学习笔记，还将常用违法行为的代码记在卡片上，有时间就拿出来看看。功夫不负有心人，在全局开展的安全法竞赛活动中，他取得了第三名的好成绩。初战告捷让小孟的信心大增。他开始系统的研究事故处理、路口秩序管理、执法艺术等各项交通管理业务工作，并取得了不俗的成绩。他所在的和平门路口的通行能力有了大幅提高，他处理的交通事故和纠违工作不仅没有一起投诉复议情况发生，而且很多事故的当事双方都成了小孟的好朋友。小孟成了全队上下公认的业务能手。

在2008年奥运期间，小孟被抽调到警车带道队处突分队工作，他的心中充满着激动与自豪。为以过硬的技能维护国家形象，以过硬的政治、业务素质向世界人民展现首都交通民警良好的形象，他把全部业余时间都用在了学习保卫知识上，仅用了一个月时间，就把英语、礼仪、场馆知识、处突技能、奥运常识、反恐处置等15类内容全部掌握。他还利用业余时间对中心区周边的63条奥运公交线路、公交

车站、1条地铁线路的站点、位置进行了深入调研，并制成了图表牢记于心，针对中心区进行安检的特点，他还对中心区所有验车、验人的二十多个安检口进行了详细的调查，对周边十多条进出道路进行了实地踏勘。经过这些工作，小孟不仅成为了奥运中心区的活地图，而且他所掌握的处突等知识在工作中也发挥了重要作用。

> **交警手势来由**
>
> 相传交警的指挥手势起源于欧洲，所受到的启发是牧羊人的放牧。因为羊群多，牧羊人开始无法管理，在放牧过程中牧羊人就试着打口哨用羊鞭和手势驱赶羊群，久而久之羊群习惯了牧羊人口哨和驱赶动作，也给牧羊人带来了方便。警察受到牧羊人的启发，将手势和口哨用于交通指挥，车辆驾驶人看到了警察的手势动作，明白警察的用意，交通混乱的情况好多了。

孟昆玉疏导法

他想了些其他法子，让和平门路口的通行能力，提高了15%。这些法子，被称作"孟昆玉疏导法"，在整个大队推广。

孟昆玉执勤的和平门路口，就在前门边上，北邻长安街，南抵两广路，是二号线地铁和平门站的出口，又是北京著名的旅游集散地。路口四周，有全聚德烤鸭店、老舍茶馆等著名商号。车流和人流量大，容易拥堵。孟昆玉的本职工作，就是让这个路口的交通尽可能顺畅。

长期观察后，小孟发现和平门路口南侧左转弯车道，80%的司机都会选择掉头，这些掉头的车辆，和直行车辆混杂，影

响了车速。他便提出高峰时段禁止掉头的建议,付诸实施后,和平门路口的拥堵明显缓解。他还想了些其他法子。比如,在放直行机动车时,多带转弯车辆;在放转弯车时,多带直行车辆。这样,每个信号灯周期能多通行9至11辆机动车,一个半小时就能多通过近300辆机动车。

这些都是小细节,却让这条路上机动车通行能力提高了3个百分点。

随身带药救路人

孟昆玉特别在乎细节,他把一些看似很小的事,认真放在心上,认真琢磨。

和平门路口是个公共交通中转站,不说地铁,光路口四个角儿就有公交车站三十多个。在路口站岗,经常有外地人来问公交车站,小孟总要问对方坐什么车,然后指路。问的人多了,小孟开始琢磨新的办法。"作为一名警察,也要考虑工作效率的问题,如果在岗上三分之一的时间都在回答群众的问路,那他的本职工作就会大打折扣。"他花了几天时间,把和平门路口所有公交车站的信息做成灯箱,挂在路口,好多人挤上去看。

又有出租车司机随意停车载客,孟昆玉上去罚款,司机一天的辛苦钱白挣了,他也心疼。"我们也不知道都哪有上客点儿啊。"有司机这样抱怨,这启发了孟昆玉。他又开始想办法,找来宣武区交通图,在上下班的途中把地铁周边所有的出租车停靠点标示出来,回到家后利用电脑制图的方法,按照一定比例制作成名片大小的地铁周边出租车停靠站示意图。自己掏钱制成小卡片,发放给出租车司机。

偶尔听说有人突发心脏病，死在路上，小孟又动了脑筋，如果随身带点速效救心丸等药品，就可以及时救治突然发病的人了。他自己掏钱买了药，随身携带，还真救了5个人。

后来，这个做法在全广安门大队推广。

第四节　工作中的别样风情

让被罚司机心悦诚服

"只会开罚单，不近人情，那不是我们新时代交警的形象。"孟昆玉说。

有一次，孟昆玉在地铁路口夜查时，一辆夏利车"歪歪扭扭"地驶来。经检测，驾驶员为酒后驾车。孟昆玉正准备处罚时，驾驶员的父亲突然从车上下来，"他就喝了一瓶啤酒，至于吗？"进而阻挠孟昆玉开具法律文书。孟昆玉没急没恼，等老人情绪稍微缓和后，问了他一句话："今天您坐在车上，儿子开车您放心，明天您不坐在车上，他喝完酒再开车，您能放心吗？"老人顿时沉默了……

道路通行能力

指道路上某一点某一车道或某一断面处，单位时间内可能通过的最大交通实体（车辆或行人）数，亦称道路通行能量，用辆/小时或用辆/昼夜或辆/秒表示，车辆多指小汽车，当有其他车辆混入时，均采用等效通行能力的当量标准车辆（小汽车）为单位(pcu)。

最后，老人握住孟昆玉的手说："警察同志，谢谢你，是你让我想起了一个父亲的责任。"随后，他拿过儿子的驾照亲自交到孟昆玉的手中。

成中老年人的"偶像"

"我经常跟我女儿说，以后你找男朋友就找小孟这样的。"原广安队协管队队长张永佑每次提起孟昆玉就赞不绝口。他和孟昆玉相识八年，是一路看着孟昆玉成长的老朋友。

"像他这样的年轻人现在太少了，热情、上进、好钻、做事严谨，不以貌取人，群众有求必应。"张永佑经常这样教导他手下的一个协管员："你们要是有小孟的一半，事情肯定就好办了。"

一声急刹车，一辆小轿车停在小孟面前。驾驶员跑下车，"警察同志帮帮我吧，孩子被开水烫了，得马上去儿童医院，这路太堵了。"

孟昆玉二话没说，驾驶警车为他们开道。4分钟后，车停在儿童医院急诊室门前。孩子的父亲热泪盈眶，下车就要给交警下跪，被孟昆玉一把扶住。这次的经历，让孟昆玉感到沉重。如果没有警车带道，在拥堵的早高峰，从天宁寺桥到儿童医院恐怕40分钟都到不了，后果不堪设想。

很快，在孟昆玉的建议下，通往儿童医院、阜外医院、人民医院、积水潭医院的生命绿色通道保障组建立。至今，保障组已承担带道任务50余次。而孟昆玉随身携带的速效救心丸也及时缓解了5名心脏病患者的痛苦，赢得了宝贵的抢救时间。

有一次，孟昆玉和两名同事在执勤途中还曾徒手抓获了持刀抢劫的歹徒。执法时以理服人，生活中把群众的事永远放在心间，孟昆玉也得到了回报，很多人都把他当成了亲人。

一位曾被孟昆玉救助过的老大爷每天傍晚遛弯儿回来都要在和平门路口等上一个小时，就为和孟昆玉唠几句家常。碰上雨天，会有大妈一直站在身后，为孟昆玉撑伞。碰上酷暑天，住在附近的居民就会给孟昆玉送来冰爽的绿豆汤。

很多同事都笑称，孟昆玉成了中老年人的"偶像"。

八年来，孟昆玉凭借自己的个人魅力、规范专业的执法、和善有礼的举止在和平门路口俘获了一大批中老年妇女、男人的心。他自己也说："每次到岗口、路口值班时，都感觉到了家一样。和平门的大爷、大妈们都非常关心我。

"早就应该宣传报道他了。"禹雪增说。"北京交警如果都像他这样，北京交通就好办了。"张永佑说。"警察如果都像小孟这样，首都交警的整体水平肯定上一个台阶，北京的交通肯定一片蓝天。"杨建华说。

哲人说："存在即合理。"这么多的群众，不约而同表达同一个意思，自然也有它的道理。

当选年度十大法治人物

孟昆玉，男，28岁，北京市交管局宣武支队民警。当选2009年度十大法治人物。

当选理由：

孟昆玉，是今年的舆论明星，被公众誉为"北京最帅交警"。关于他的工作视频曾在人民网等网站高居点击榜首。

孟昆玉的同事们则称他为"实力派"。他创

立的"孟昆玉指挥法"被北京市交管局推广。他还倡议交警队和医院建立了生命绿色通道保障组。2008年孟昆玉被评为奥运交通安保标兵和"微笑北京交警之星",他全新的"人性化的执法"、"微笑执法"为当前人性化执法与服务型政府的改革提供了可贵的探索。

推荐词:

规范的执法与微笑的面庞,

灵活的指挥与耐心的劝导。

他为警察的形象增添了时尚,

他让首都的街头跃动着和谐。

京城最帅交警孟昆玉,

在平凡的岗位上得到百姓的特殊嘉许。

第九章 "糖葫芦西施"的美丽蜕变

人物传奇

　　她曾是交大BBS每日必谈的话题,还时不时地冲上十大热点话题;因为她青春、阳光,身上有种与平时所见小贩不同的本色之美;一个青春、靓丽、时尚的女孩子,在大学校园旁卖起冰糖葫芦;不足一年,这个叫康晓菡的女孩迅速走红西安交大校园,被男生们冠名为"糖葫芦西施"。

第一节　走近人物

个人简介

　　康晓菡,1990年出生于河南安阳,初中毕业后,她来到西安,开始跟随父母卖糖葫芦,至今将近7年。一个青春、靓丽、时尚的女孩子,在西安交通大学旁卖冰糖葫芦。不到一年的时间,迅速走红西安交大校园,被男生们冠名为"糖葫芦西施"。不仅在BBS上"糖葫芦西施"受到学生们的追捧,交大校内新闻媒体e瞳网,也因为"糖葫芦西施"走火校内论坛而采访过她。

人物场景

西安交大南门西侧人行道上，停放着一辆人力三轮车。车上放着一个玻璃食品陈列柜，里面是各式各样的冰糖葫芦。三轮车旁，坐着一个穿白T恤的女孩，她斜背着一个时尚的皮包，两个大大的银色耳环随着笑容不停摆动……"来4串糖葫芦!"随着两名男孩的喊声，女孩迅速起身，麻利地从陈列柜中取出4串糖葫芦，用糯米纸包好，递到男孩手中，"12块!"付过钱的两名男生拿着糖葫芦走进交大校园。

康晓菡正在卖糖葫芦。随着来往的学生流，不时有出入校门的学生在女孩小摊前"看看"，不管买不买糖葫芦，有的男生路过她的小摊时都要注视片刻。"有三块的，也有两块的，你要哪种?"女孩的生意格外好，十几分钟内糖葫芦就卖出了二十几串，还有的男生买了糖葫芦直接站在旁边开吃。

两种口味的糖葫芦很快就卖光了，女孩掀开放在蜂窝煤炉子上的铝桶，看了看里面的糖浆，把穿成串的山楂等果品，伸到铝桶中滚一滚，一个现做的新鲜糖葫芦就制成了。

没有顾客的间隙，女孩就从包里掏出手机，插上耳机听音乐。一旦有顾客靠近，她马上摘下耳机，微笑着把糖葫芦递给顾客，收钱。

第二节　糖葫芦西施走红西安交大

毕业随父母做生意

康晓菡，22岁，安阳内黄县豆公乡元村人。初中毕业后，她来到西安，开始跟随父母卖糖葫芦，截至2010年将近5年。

"我学习不好，初中毕业后没考上高中，然后就不上学了，哎，现在想想有点后悔。"康晓菡说，当时还小，到西安玩了两个月。第二年，也就是2005年，她开始跟随父母学卖糖葫芦。

"糖葫芦是个季节性食品，主要在秋冬天卖。夏天没有山楂，做不成生意的。"康晓菡说，每年9月，西安交大学生开学后，她就会来到西安帮助父母做生意，临近春节，就会返回老家休息。"一般是干上半年，再歇上半年"

每到冬天，家人就做冰糖葫芦出售，十几年了一直如此。2008年秋天开始，就在这里卖糖葫芦了。康晓菡露着招牌式的微笑说。之所以选择在

冰糖葫芦

它是北方冬天常见的小吃，一般用山楂等野果串成，蘸上麦芽糖稀，糖稀被冻硬，吃起来又酸又甜。在宋朝年间便开始了古式的做法，历史中早有记载，清朝年间各地盛行。茶楼、戏院、大街小巷到处可见，现已成为我国传统小吃。冰糖葫芦老少皆宜，它具有开胃、养颜、增智、消除疲劳、清热等作用。

这个地方卖糖葫芦，是因为她的父母就住在距离交大南门不远的地方。

康晓菡说，她有一个姐姐，一个弟弟。小时候家里条件不太好，在他父亲一个朋友的带动下，她父母开始做糖葫芦生意，至今已10多年了，去过郑州，洛阳，随后落脚到了西安，在这里一呆就是11年。

如今在父亲的带动下，他们村已成为了一个专业的"糖葫芦村"，远近闻名。

"不过，我特别讨厌卖这个。"康晓菡停顿了一下，看着身边的交大校门，下巴轻轻一扬："我也想和他们一样……"说到这里，她突然有些自嘲地笑着说："我脑子太笨了，学不进去！"

她知道交大男生如何称呼她，在网上看过他们对自己的评价，交大的记者也采访过她。康晓菡显出了女孩特有的顽皮，说她没事的时候也去上网，每次上网都会打开网页，看看交大校内新闻采访她的照片。

生意好是因为自己长得漂亮呢，还是因为做的糖葫芦好吃呢？康晓菡有些不好意思："两者可能都有吧！"接着她又补充说，"我的糖葫芦的确挺好吃的。"

被称"糖葫芦西施"很吃惊

如今，康晓菡和父母在西安租房居住。

他们三个人白天都在家忙于制作糖葫芦，到下午三四点左右上街。三人每人有一辆三轮车，分别在不同的路段卖糖葫芦。康晓菡的三轮车，一般固定在西安交大南门，前去买糖葫芦的，多是该校学生。时间一长，她开始被学生注意和熟悉了，生意也一直不错。

让她没想到的是，自认为平凡的她会突然成名了。在西安交大BBS上，康晓菡被学生称之为"糖葫芦西施"，这曾是论坛每日必谈的一个话题。从论坛上可以看出，学生非常热衷这个话题。

"她长得很漂亮，你们吃过她卖的糖葫芦吗？"热心的学生，打探出了"糖葫芦西施"来自河南，甚至一些人把康晓菡的家庭情况也调查得相当清楚。在BBS上，"糖葫芦西施"很红火，西安交大的校内媒体为此专门采访过她。

随后，陕西媒体《华商报》跟进，并在10月19日头版刊登出了康晓菡的照片，更是引发了一场网络热潮，康晓菡也一夜成名。

她曾是交大BBS每日必谈话题

"这就是被我们男同学们称之为"糖葫芦西施"的女孩。"交大学生李同学说，"糖葫芦西施"曾经是交大BBS每日必谈的话题，还时不时地能冲上十大热点话题。

从交大BBS可以看出，学生们只要提到"糖葫芦西施"，便说得头头是道，到南门买了串糖葫芦，都能乐呵呵地在BBS上灌很久。甚至很多没见过她本人的，也跟着起哄。"真漂亮！""有空了就去买串糖葫芦！"在交大BBS上，甚至有人声称要多买她的糖葫芦，以支持"糖葫芦西施"的事业。

一些网友打探出"糖葫芦西施"来自河南，甚至一些网友把她的家庭情况都调查清楚了，他们都是专业卖糖葫芦的，来西安5年。"当然了，谈论'糖葫芦西施'的，都是男学生。"李同学说，有学生一直说她卖的糖葫芦贵，但生意就是要比其他地方的还要好。

不仅在BBS上"糖葫芦西施"受到学生们的追捧，交大校内新闻媒体E瞳网，也因为"糖葫芦西施"走火校内论坛而采访过她。网页上，图文并茂的新闻报道引来了数十位交大网友的评议。

在现实中，却有大学生的不同声音。刚刚买了一串糖葫芦的交大学生坦承，自己也是"糖葫芦西施"的追捧者。就以小康的青春形象而言，他认为这是非常健康、阳光的一种心态，他就喜欢这种不做作，不矫情的态度。

这位学生说，"糖葫芦西施"可以说是交大学生一手捧出来的"草根明星"，"在她身上，有一种与平时所见小贩们不同的本色之美，才会在我们学生中流传，而没有传播到社会中。"他说，他并不希望有更多的人关注"糖葫芦西施"。也许这样，她才会是交大永远的"民间之美"。

出名的麻烦

上了报纸，成为网络名人后，康晓菡一开始挺高兴的，没意识到"问题的严重性"。

当天上午，就有多家媒体电话打来要采访她，"我不是什么名人，也不知道说什么好"。在下午出摊前，她还专门让父亲跑到西安交大南门"侦查一下"，看到没有媒体守候后，才放心地推出了车子。"主要是不想让记者招来城管注意，毕竟我们还要做生意。"康晓菡说。10月19日16时许，来到熟悉的地点后，多名媒体记者一下子冒了出来，将她团团围住。

"没有见过这么多记者，有扛摄像机的，也有拿照相机的。"康晓菡被吓坏了，在卖过几串糖葫芦后，看着城管队员被吸引过来，她被气哭了，推着车子就回家了。"受不了，这两天我都不敢出门了。"对于登上报纸头版，康晓菡说，"不该上报纸头版的，要是登在里面一个小角落也挺好的。"

谈及现在的生活，康晓菡说："我只想好好做生意，其他啥也不想。"

第三节　生意红火离不开大学生

很爱交大学生

西安交通大学门口的"糖葫芦西施"康晓菡已经成为尽人皆知的网络红人，她也因此突然从人们的视线中消失。而同样在卖糖葫芦的晓菡母亲说，晓菡的确很受追捧，每天的收入都是她的两三倍，最多的一天居然卖到过2000块钱。

冰糖葫芦的制作

出锅后外面的裹糖会迅速冷却，咬起来是咯嘣脆，完全不粘牙的。要达到这种效果，熬糖是最关键的。熬好的糖稀，肉眼可见糖浆浓稠，泛淡黄色，用筷子挑起可见拉丝，将筷子放入冷水中，糖稀可迅速凝固，咬一下，硬。如糖稀有轻微拉丝时，就立刻关上火，将其浇在糖葫芦上即可。否则，糖稀就会变得又干又硬，无法继续制作。

记者那天下午来到西安交通大学南门试图采访康晓菡，但是从下午3点等到晚上7点，始终难觅晓菡的踪迹。在多方打听之后，记者终于在东二环一商场门口找到了和晓菡一样卖冰糖葫芦的母亲王阿姨。

与晓菡一样，晓菡母亲身旁也停着一辆载满各式冰糖葫芦和用来熬制糖浆的小蜂窝煤炉的三轮车。晚上生意不是太好，王阿姨就和记者聊起来。王阿姨告诉记者，他们来西安卖糖葫芦已经有11年了，今年22岁的晓菡到西安也已经4年了。他们一家子就住在西安交大附近的一个城中村里。

王阿姨说，他们家一共有三个卖糖葫芦的三轮车，晓菡主要在交大南门卖，还有她自己和一个亲戚分别守着一个糖葫芦摊。他们每天中午在家做好之后，下午两三点开始出摊，一直卖到晚上11点左右才回家，回家吃完饭到睡觉也都是一两点了。

谈起自己的孩子，王阿姨显得十分高兴。她说晓菡是一个很懂事的孩子，很能体谅父母的艰辛，很小的时候就出来随他们卖糖葫芦了。不过作为90后的晓菡也会跟他们撒撒娇，说谁见过哪家的大姑娘在街头卖糖葫芦呀！尽管如此，晓菡还是每天都会按时出摊，不会向家里人提出过分的要求。

老北京糖葫芦

此种冰糖葫芦在原料山楂的选用上，挑山楂产区酸中微甜优质山楂为主料。辅以各种馅料、干果、水果及其他辅料制成多种口味的夹心冰糖葫芦。在销售时糯米纸裹串、牛皮纸袋包装干净卫生，大大提高了冰糖葫芦的品质，以此赢得了广大老百姓的喜爱。

大学生帮忙来"促销"

晓菡的母亲王阿姨说,此次走红,他们一家子既高兴又担心。高兴的是很多人都关注他们家晓菡,也有很多人主动帮助他们,但是一向本本分分的他们过惯了平凡人的生活,对于突如其来的关注显得很不适应。"我们只想好好的做生意,卖糖葫芦,一家人生活得快快乐乐!"王阿姨说。

王阿姨说他们一家人生活得很融洽,虽然住在城中村简陋的房子里,每天辛苦地推车卖糖葫芦,但是一家人都很开心。闲些的时候母女俩也不太出门,会自己在家打扮一下,收拾收拾头发。每年他们一家人也会抽时间去大雁塔等一些地方转转,拍些照片留作纪念。

虽然有三个车子在卖糖葫芦,但是就属晓菡的生意好。"我每天也就是卖个一两百块钱,而晓菡在交大门口每天平均的收入都在七八百块钱,最多的一天甚至卖了2000块钱。"

王阿姨还向记者讲述了晓菡卖糖葫芦时的几桩趣事,"晓菡对人很真诚,不管人家买不买,她都是笑着跟人家说话。有一天她同往常一样在学校门口卖糖葫芦,有一个长得高高大大的交大男生走过来说帮她一起卖,那个男孩很能说,好像也认识很多学生,在他的帮助下那一天晓菡总共卖了将近2000块钱,这也是我们卖糖葫芦11年来卖得最多的一天,而那个帮忙的男孩子最后也是搞得满身都是糖。"

还有一次王阿姨去交大门口帮晓菡卖糖葫芦,晓菡便坐在车子后面休息,过来的几个学生走到糖葫芦摊前看到不是晓菡在卖就快快地离开了。等过了马路回头看到晓菡在车子旁边,就又返身回来买了几串。

第四节 "糖葫芦西施"的愿景

"平时挺忙的,主要是帮爸爸妈妈做糖葫芦,要是闲了,就看看电视。"康晓菡说,她是一个有点内向的人,总体来讲不爱说话,但十分听父母的话。平时闲了,就会和同在这里打工的家乡姐妹们打电话聊天。

一个人在异乡,康晓菡忙碌之余,有时也会很孤独。"前一个礼拜西安下雨了,下了好几天也影响生意。那天我一个人站在雨里,没啥顾客,心里很难受。"康晓菡说,只有生意忙碌时,她才会开心起来,因为这样会赚钱,"我觉得自己蛮能干的"。

"我对美容、服饰之类的比较感兴趣,等攒够钱了,想开个化妆品店。"喜欢戴耳坠的康晓菡说,平时她还有一个爱好,就是看街上的各种美女,"街上只要过去一个,我就能瞄上半天,可喜欢可喜欢。"

第十章　从小人物到站长之王

人物传奇

　　一个高中没毕业的草根创业者,从域名入手,做着被很多人看作是"投机"的生意,却在不经意间成为中国域名投资领域最成功的人,很多知名公司都从他手中买得好域名;他从个人网站做起,却吸引了IDG资本和Google的投资,最终将网站卖给了Google;他先后投资了上百家个人网站,在站长中有广泛的影响力,被媒体称为站长之王。蔡文胜的创业道路看起来颇具传奇色彩。

第一节　走近人物

个人简介

　　蔡文胜,1970年出生于福建泉州石狮, 二六五科技有限公司CEO,创办了华域网络科技有限公司。在2000年互联网泡沫破裂时才进入互联网领域,投资域名并获得巨大成功。2003年5月,创办265.com,并于2007年被Google收购。2005～2007年,连续举办三届中国互联网站长大会,被广大站长尊称为个人网站教父。2007年后,开始进行网络投资,先后投资数十个优秀网站,成为中国著名的天使投资人,以出人意料的速度完成了从传统商人到新兴行业领跑者的角色转换。

工作经历

曾经营服装、房地产生意,并投资股票,1993年,移居东南亚;

2000年至2003年,投资域名;

2003年创办了华域网络和265.com,后者于2007年被Google收购;

2005年至2007年,举办三届中国互联网站长大会;

2007年后开始进行网络投资;

主要投资项目:同步助手、暴风影音、58同城、Zcom电子杂志、冷笑话精选、美图网、网际快车、优化大师。

第二节　站长之王是如何炼成的

个人背景

42岁的蔡文胜,福建石狮人。高中没毕业,就像许多闽南人一样,便开始了做服装生意的历程。可以说,他几乎对互联网知识是后知后觉,但在市场面前,他是先知先觉的。

蔡文胜是典型的生意型个人网站主,并以个人网站主的身份成功地成为天使投资人,其

敏锐处令人佩服，凡是可以快速导致现金流正向的行为，他一概奋勇向前，速战速效，基本没有漫长的"烧钱"阶段。他进行的是"个人站长"的创业模式，与许多不可复制互联网界大腕相比，他制造了一种草根且可复制的创业模式。

> **成功秘诀**
>
> 一、商人的大胆气魄。二、独到的眼光。说是独到，一是敢为其他人不敢为的事情。二是其选择域名的独到眼光。三、深入、刻苦的钻研和深厚的专业知识。四、善于交流、交际。

一直以来，蔡文胜都善于交往。互联网是个网状结构，人人为我，我为人人，谁善于交朋友就意味着谁就有更多合作的机会。蔡文胜身上的这个优点，是很多创业者身上所没有的。因为善于接触交流，他颇得资本的信任。

蔡文胜是一个草根型运作的商人，他在对待用户及客户时，也是持非常草根的态度。

域名生意

1999年开启域名生意，抢得十多万个互联网域名，现在总估值超过1亿美元，其拥有域名跨足各行各业。蔡文胜不会错过好的投资机会，注册拥有多个农业相关域名，且一些域名已被知名网站启用。如百度旗下独立视频网站——奇艺网qiyi。坊间传闻，当初蔡文胜注册该域名是以农业水果奇异果的"奇异"二字来注册，是个地地道道的农业域名，当时，传闻交易价格超百万。还有目前国内知名视

频网站土豆网站tudou，该域名也系蔡文胜以农业产品名字来注册，交易价格也不菲。目前，其手中还持有苹果域名pingguo。

作为房地产类域名投资人，蔡文胜似乎早已"预料"到家居房产业市场，早已在域名场上抢先注册了不少好行业域名，而这些家居房产域名也不负他所望，为他带来不错收获。新浪向蔡文胜收购家居拼音域名jiaju.，坊间传闻域名交易价百万元以上，还有此前，转手中洁具域名jieju等，而目前，其手上仍持有多个优质家居行业域名，相信这些域名价值未来交易，其价值也不菲。

目前为止，蔡文胜已转手卖出三个汽车类域名，去年转手神州租车网zuche域名，这在当时引起业内关注热潮，汽车网的Qiche、网上车市的Cheshi，还展示了手上持有汽车类域名zuojia（座驾），在金融电商行业域名上，卖出不少好域名，Jijin（基金）、Huangjin（黄金）和Zuanshi（钻石）等，这些都已被启用建站，且在国内都有一定知名度。

蔡文胜在行业域名上一直多是主打拼音域名策略，在人文地理类域名投资上仍是奉行这个拼音域名"王道策略"，如此前蔡文胜转手交易Puyang（濮阳）、chuzhou（滁州）、jingdezhen（景德镇）等，另外，近日，微博上最新消息曝光的大街网域名dajie域名，原来也是出自蔡文胜之手，再次令业内关注地市地理域名。

此前，蔡文胜曾在微博里展示了他的城市域名投资的故事，"2000年开始注册域名。那时，中国有2200多个县市，查询后发现80%在国外人手里。后来不少老外放弃后被我重新注册，经过几年努力，80%的城市域名被我注册或者收购回来，如今慢慢转让或赠送给当地人经营网站"。可见，城市地理域名在蔡文胜域名大

传统生意教会的两件事

第一，有用户就有价值。看店面好不好就是看人流，有人流就说明人家喜欢到这来，就可以卖很多东西。

第二，商业的敏感度和决策速度。我做决定非常快，有些重要的投资半小时敲定，钱就打过去了。

军中占据地位也很高。

另外,在其他领域上,蔡文胜也是有涉足投资,转手卖出一批批优质域名,如创新工场Chuangxin、完美时空Wan-mei、暴风影音Baofeng、优化大师Youhua等,他都有涉足。其远见的眼光为他带来财富商机。其取得的成果是非常显而易见,2010年Alexa百强中文网站域名分析报告中,baidu、taobao、qiyi等双拼域名排名较前,qiyi域名由蔡文胜出售。

第一桶金

蔡文胜成功都在从简单模式着手,并在这个基础上思考一些利于价值获取的点子。这是其过人之处。据说只有不超过一百人赚到钱的域名投资,蔡文胜便是其中之一了。

2000年才开始做域名时,域名投资的黄金时期已过,他是在香港偶然看到一个报纸新闻,说business域名卖了750万美元。那一天是2000年4月25日。他敏锐地感觉到这里面的机会,决定放弃家族经营的进出口贸易与地产开发行当,全心进入域名投资领域。

但2000年时,有价值的国际域名几乎已经被注册一空,蔡文胜不可避免地交了不少的学费。直到2000年底,他才知道,域名注册之

域名简析

域名(DomainName),是由一串用点分隔的名字组成的Internet上某一台计算机或计算机组的名称,用于在数据传输时标识计算机的电子方位(有时也指地理位置),是互联网上企业或机构间相互联络的网络地址。目前域名已经成为互联网的品牌、网上商标保护必备的产品之一。

后每年还需要续费，如果不续费就会"掉下来"，也就是说，可以重新被注册，于是他把目光放到了抢注可能"掉下来"的有价值的域名上。

从2001年到2003年，蔡文胜的域名生意做得相当成功。他注册了5000多个域名，卖了1000多个，而他域名的买家则遍布全世界。

蔡文胜是个善于找窍门的人。他懂得用什么样的方式提高获取有价值域名的可能性与比率。域名投资让他赚到了创业实验田第一桶金，也让他看一个全新的商业世界。

域名实战经验

在2003年以后，蔡已逐渐意识到，买卖域名虽有暴利，但终究只是一个个人生意。不过，域名毕竟是互联网最基本的应用，通过域名，他又把中国的出色网站都研究了一遍。这时，他发现了hao123，首页上密布着各种网址，流量却极高，alexa排名达到100名。

蔡讲着一口带有浓郁闽南腔的普通话，在学会用输入法之前用坏了3个写字板。当他第一次见到把所有有用网站都列在一个页面上的hao123时，觉得这正是自己最需要的网站，因为只要把hao123设为主页，就不用再自己痛苦地输入网址了。

蔡文胜找了几个人组成团队，决定自己也搞一个。当时他手上有3个三位数字的域名870、716和265，先用870做，结果做了1个星期，流量就到1天十几万。蔡于是更加确信，"这种看似傻瓜的应用正是中国数亿普通网民的需求"。

他坚决地把域名换成265的域名，并把自己手中的好域名全部导向265域名。到2004年年中，265的日流量已经达到近400万。这时IDG的

投资经理找上门来，希望投资265域名。在北京，他见到了IDG的合伙人过以宏，侃了半天域名生意之后，隔壁的熊晓鸽、周全等都跑过来听他讲故事。不过，"他们对265域名生意还是只听懂了一半"，最后，265拿得了百万美元的投资。

> ### 域名分类
>
> 一是国际域名（简称iTDs），也叫国际顶级域名。这也是使用最早也最广泛的域名。例如表示工商企业的.com，表示网络提供商的.net，表示非盈利组织的.org等。二是国内域名，又称为国内顶级域名（简称nTLDs），即按照国家的不同分配不同后缀，这些域名即为该国的国内顶级域名。像中国的cn，美国的us等。

这个估值算不上很高，但蔡文胜是草根站长中第一个获得VC投资的，这种光环效应让蔡文胜迅速成为站长们的大哥，更为重要的是，蔡文胜因此而进入了互联网的主流之中。获得投资后，265将公司从厦门搬到北京，蔡文胜本人开始与各大互联网公司有了直接的接触。

2005年，客齐集的CEO王建硕有一次去拜访蔡文胜，在蔡的名片夹中发现居然有Google负责投资事务的一位人士的名片，这让王相当意外，因为265是如此一个草根的网站，与高科技的Google简直是风马牛不相及，

并且此时Google尚未进入中国。事实上,265是Google在中国的第二个投资,第一个是百度。

"在中国,网址站和搜索引擎是很紧密的结合,高端用户知道网址,也会打字,可以直接上搜索引擎,但很多低端用户不知道,是从网址站开始上网的,他们接触的第一个搜索引擎会决定他将来用什么,这是百度收购hao123、Google收购265的原因,至今每天从hao123上导向baidu的流量达2000万。"蔡文胜说。

值得一提的是,IDG在找265之前,曾去兴宁找过李兴平,但是不善言谈的李让IDG投资经理颇为失望,认为hao123流量虽然很高,但创始人缺乏将其做大的视野与能力,IDG这才将目光放在了网址站的第二名265上。

在接受投资时,蔡文胜就计划收购hao123,然后与265合并,这样就一定可以做大,"能左右中国互联网,也能左右搜索引擎",IDG也认可并购hao123的设想。

但蔡文胜犯了一个错误,由于是竞争对手,他担心直接找李兴平难以沟通,就通过各种关系侧面向李表示收购的意愿,但李全部予以拒绝。2004年8月,蔡文胜忽然发现hao123域名的注册信息发生变更。9月,蔡文胜亲自去兴宁找李,才知道hao123已经被百度收购,失去了合并的机会。

不过两人对于互联网的认识倒一拍即合。当时蔡文胜已拿到IDG的投资,李兴平自觉这种与资本打交道的能力是自己的软肋,做个人网站局限性太大,两人可以在其他方向进行合作。

而李兴平对用户的理解和对产品的敏感度让蔡文胜相当"崇拜","他真的有天赋,虽然在一个小镇里面,但通过互联网,他对中国各个网站、站长的情况、流量怎么做起来的一清二楚,天下没有白成功的。"蔡文胜感叹

道,"hao123就不说了,他做了一个IP138,查询IP地址,它甚至都不是一个网站,只是一个简单的网页,但很有用,1天都有百万的流量。我认为他是中国互联网里面很懂用户的,而我很懂站长,很懂产品。"蔡文胜说。

> ## 蔡文胜投资逻辑
>
> 投资的阶段更早,我是草根出身,与个人站长关系很广,很了解中国互联网,有新的项目起来我会比较早发现;不是看以后做多大和赚多少钱,而是更看中现在的用户数多少;投资速度很快,很多项目我还没签订合同钱都已经打给对方了;有些项目我知道可能不一定做大大甚至带有一定公益性,但如果能帮助对方也会投。

2004年下半年,两人就开始悄悄合作,做小游戏网站4399。在4年多的时间内,4399主要提供免费的flash小游戏服务,没有很多的赢利。2008年,网页游戏市场开始爆发,4399也开始引入网页游戏,凭借之前积累的人气,迅速开始赢利。有大公司和投资商找上门希望买4399,蔡文胜与李兴平商量决定不卖。2009年,两人在广州成立团队,正式将4399商业化运营。

直到今天,4399的决策由两人共同商量,产品的事李兴平说了算,商业发展、人员配置管理以蔡文胜为主。李兴平待在兴宁老家,蔡通常在厦门,平时通过QQ和电话沟通,一两个月碰一次。蔡计划将4399的大本营放在厦门,他曾考虑过搬到北京,但后来"还是觉得厦门好一点,不浮躁,可以踏实地做好一些事情。待在上海北京这样的大城市里,容易忽略二、三线城市以下网民的需求"。

我是微博达人

蔡文胜好像总能比他人快半拍。他高一即停学从商,因其家乡福建石狮是全国知名的服装消费及零售基地,蔡文胜先是做起了服装贸易的生意,多年下来手头颇有了些积存。有天蔡文胜看到一篇消息,国外有一个域名卖了750万美元,他立刻意识到这个生意能挣大钱。"做网站创业的开展空间会更普遍……通过微博,个人也能成为自媒体。"蔡文胜相信,在新的挪动互联网时期,站长肯定会"浴火新生"。

　　站长之王蔡文胜最近有了一个新标签——微博达人。他能够也是第一个把微博地址印上名片的人,出自他手的微博营销攻略也在网上疯传。问他为什么要在微博上花这么大的力量, 他的答复是:"以前做站须要空间、带宽、备案,还要防备政策因素和黑客攻打,如今微博平台都供给,咱们需要的就是尽力发现有价值的内容。"

第三节　蔡文胜和他的游戏网

4399简介

　　4399是中国最早的和领先的在线休闲小游戏平台,2004年9月正式上线,由原hao123创始人李兴平建立,联合创始人为蔡文胜、骆海坚。从建立至今,4399坚持的是用户第一,以"用户体验"为核心的建站模式,免费为用户提供各种绿色、安全、健康的游戏,不断完善服务策略,赢得了众多忠实的用户。

　　4399定位在中小学生与白领阶层, 主要以休闲类flash小游戏及在线网页游戏为主, 整个网站也是做得非常的简洁。这一贯都是李兴平的风格。从网站的用户数据中看出, 中小学生和白领阶层占到4399的93%。男女性别比例分

别为58%和42%。有特点的用户结构，亦吸引了众多广告主的关注。

网站优点

4399小游戏在谷歌全球TOP1000网站排行二十七名。"4399小游戏"里所有游戏都是免费的,每天首页都会把最好玩，最新的游戏推荐给所有玩家、游戏天天保持不同程度的更新,专业提供绿色、安全、健康、好玩的游戏,是中国最大的在线游戏平台。网友之间还可以互动交流。很多游戏都有视频和攻略。每个小游戏都拥有详细的游戏指南让玩家上手,深受白领和学生们的喜爱。4399的宗旨是将最简单的游戏,最纯粹的快乐带给玩家。

第十一章　感动心灵的禧玛妹妹

人物传奇

　　今年25岁的李月平2005年考入郑州轻工业学院,因母亲多病,家庭经济困难,一年后辍学到江苏打工。后来,她在网上发表《妈妈,下辈子我要做您的妈妈》一文,创下了一天点击达8万余次的纪录,成为2006年全国十大网络红人,当年被评为中国打工族形象大使。2007年9月,李月平又成为中国首届草根文化艺术节形象大使,成为草根的一个象征。

第一节　走近人物

个人简介

　　李月平,1987年5月21日出身河南叶县夏李乡一个贫困家庭,小名喜玛。根据她母亲的解释,喜玛的意思是希望李月平能在以后的社会中快快乐乐,平平安安,没有别的含义。2006年被海川发现用其小名加以简单的变化得其禧玛妹妹这个网名,成为网络名人。

个人经历

2005年毕业平顶山市中专；同年6月考上郑州轻工业学院（大学）由于经济原因辍学；2005年9月后在家务农，照顾母亲；2006年2月离开家乡，到江苏苏州打工。2006年10月被网友发现走红网络；2006年12月评为2006网络十大红人；2006年12月评为打工族形象大使；2007年1月评为新农村形象大使；2008年5月唱片《离不开寂寞》录制完成；2008年5月福建省龙岩市北京奥运会火炬手；2008年6月出演连续剧《我爱空姐》女二号纪雨容；2008年7月唱片《给爸爸的信》录制完成；2008年8月唱片《来世做你的新娘》录制完成。

第二节　打工妹走红网络

成名经历

2006年10月，《妈妈，下辈子我要做您的妈妈》以文配图的方式发到大众论坛、网易论坛、新浪论坛，一周点击次数共超过100万并感动百万网民！10月31日，百度吧里出现"禧玛妹妹吧"。11月，海川写的宣传文章《空谷幽兰——网上名人"天仙姑娘—禧玛妹妹"》发表到网易论坛，一夜点击次数超过4万，发表到新浪，24小时点击到18万。

同月，海川继续在网易发文，《天仙姑娘（放弃学业进城打工只为母亲）禧玛妹妹》《一普通打工妹为何一夜窜红网络？》上帖，其中《一普通打工妹为何一夜窜红网络？》一文中，一周点击120万。至此，网上开始把禧玛妹妹称为"打工族形象大使"和"天仙姑娘"，引来了众多关注。

藏头诗

李桃花香果亦美，
月貌芬芳赛玫瑰。
平凡之心为大众，
孝悌大义闪光辉。

妈妈，下辈子我要做您的妈妈

打工生活的贫乏让我麻木了，彷徨了，每天的生活就是上班下班吃饭睡觉，把我的梦想也磨光了，下班就沉溺在小说中！

我爱我的妈妈像爱我自己一样，总是想起妈妈的身影。一想起妈妈的身影，便想流泪，想起妈妈的时候就想为妈妈写点什么，却提不起笔！因为那样的感情是世间任何语言都无法表达的！从我一出生的那一天起，爸爸似乎都在外面打工，很少回家。家里的田地都是妈妈一个人打点，我和哥哥都不敢想象妈妈怎样用她那虚弱的身体撑下来的。每次想到这些我都是用哭来发泄自己！妈妈啊！妈妈啊！您真的太辛苦了！您歇歇吧！

妈妈跟爸爸的关系一直都不好。妈妈和爸爸在一起几乎每天都吵架，这也是爸爸在外面不回家的原因。甚至妈妈因一次没有把剩菜倒掉，热过后再吃，就被爸爸骂！这并不是说爸爸是个坏人，只是爸爸和妈妈本来就不适合生活在一起！其实妈妈是个女强人，她也想做到女强人！但妈妈离不开我和哥哥，我和哥哥是妈妈的唯一！我和哥哥同样也离不开妈妈，妈妈也必须呆在我们身边！爸爸的性子也很强，很好胜，可能爸爸怕妈妈太强，会超过他，在他之上吧！所以这唯一是爸爸把妈妈一个人丢在家里的原因，这样妈妈就一个人生活在农村！

印象中的妈妈从来没有自己喜欢爱吃的东西，记得小的时候妈妈每次做了好吃的东西总是让我和哥哥吃，我们吃过后，妈妈几乎什么也没有吃的了，因为几乎都被我和哥哥吃光了！因为自己那时候太小吧，什么都不懂，什么也不知道，以为妈妈不爱吃，现在才知道妈妈都是为了让我和哥哥过得快乐，而自己把什么不快都一个人咽下！

在我去县城读初中的时候，每一个月都要回家看看妈妈，每次回家前都恨不得把整个超市都搬回家给妈妈，让妈妈自己选她爱吃的东西，现在我和哥哥，爸爸都在外面，不知道妈妈现在的病好一些没有？妈妈是个很节约的人，记得有几次回家，看到妈妈吃的都是几天前的剩饭剩菜！问妈妈您为什么这样，妈妈告诉我留一点钱给自己买药，这些剩菜倒掉很可惜了，看到这个冷清的家，看到冰冷的灶台，心里真是好难受！真想不出去打工了，留在家里照顾妈妈，为妈妈做好吃的！

我知道妈妈的病很严重，但我具体也不知道妈妈是什么病，每次问妈妈，妈妈都不说。只知道妈妈每天都需要吃药，还知道妈妈随时会心慌一天没有药都不行！妈妈每次下地里总会带一点馍！因为妈妈一干活就饿得很快，妈妈的病就这样奇怪！老天啊！为什么要让这样的怪病降临妈妈身上！妈妈喜欢种花，以前小的时候我的家像花园一样美，可现在回家，再也看不到像以前那么漂亮的家了！但会看到一棵樱桃树，因为那是我和哥哥小时候都爱吃的樱桃，所以妈妈一直把它当成一个宝贝！

初中的三年我不是很懂事，高中的三年自己开始懂事，知道妈妈做的一切都是为了我和哥哥能快乐地过好每一天！我拼命地读书，成绩一直都很好，后来我也顺利地考上了大学！可我自己放

弃了！我如果不放弃,妈妈的日子还会更难过！也有更多的时间来好好地照顾我深爱的妈妈。我是一个很爱画画的女孩,总想把妈妈那美丽的瞬间画下,可家里的经济不允许让我去学习画画。也许世界就是这样无情吧！

个人语录

我没觉得自己是明星,但自己需要做的的确很多,社会中和我一样的人还很多,希望他们能得到更多好心的帮助,而不是让大家来关注我。我最想做的事情想借自己的人气去帮助更多的人和宣传生我养我的故乡平顶山市叶县。

几个月过去了,看到自己的朋友都去读大学去了。好朋友都问我为什么不去读书,我心里很不是滋味。于是我想出去打工,去赚属于自己的那一份钱,我选择了去苏州。记得去苏州的那天,暖暖的冬雪轻轻地飘在我和妈妈的身上,妈妈推着车送我到马路边,记得很清楚我的电话本忘拿了,上面有我很多同学的号码,本来说不要了,出去打工哪有时间来联系我的同学们,可妈妈立刻骑车回去把我的电话本拿来了！还说一个人在外没有什么朋友,有空和你的同学联系联系也是好事,看到妈妈喘气的样子,我的眼泪自己就掉下来了！妈妈让我不要哭,第一次出门打工是不能哭的！妈妈骑着车回去了,看到妈妈虚弱的身体,我又哭了！

家里很冷,冬天的时候经常下大雪,现在家里已经开始下雪了,不知道妈妈现在怎么样了？前几天打电话回家问候妈妈,妈妈告诉我:家里很好,叫我多注意身体,老毛病还是那样,没有什么担心的！只是你第一次在外省过冬,一定要注意不要感冒了。妈妈说到这些我哭了,真想厂里早一点放假,能让我早一点回家去照顾妈妈,陪妈妈过年！每年过年,妈妈都会骑车带我去姥姥家。一路走一路玩,和妈妈有说有笑！现在懂事了才知道妈妈那是假笑,是为了我能开开心心地过好每一天！

妈妈最想走出农村,走出平顶山,走出河南,出来看看外面的世界。妈妈为我们累了一辈子,病了一辈子,辛苦了一辈子,我一定要多赚钱给妈妈,带妈妈去最好的医院把妈妈的病彻底地治好,然后带妈妈去上海东方明珠,苏州园林,杭州西湖……好好陪陪妈妈!

妈妈,我亲爱的妈妈,如果有下辈子的话,我一要做您的妈妈,也让我好好报答您的恩情!妈妈,我爱你!

第三节　延续传统孝道

希望小学在她的努力下诞生

2007年2月,在网络上走红的禧玛妹妹经媒体报道后,立即成为河南、江苏两地媒体关注的焦点。由于自己曾因家庭经济困难而放弃学业,禧玛妹妹对上不起学的孩子怀着深深的同情。那年5月,禧玛妹妹进入苏州英格玛人力资源集团工作,之后,她参加了雨露计划、汉服推广、援建希望小学等多项公益活动。她印象最深刻的是为重庆市黔江区金溪镇桃坪村援建希望小学。

"桃坪村是一个贫困山村,去年9月我们去考察的时候,发现那里的孩子到村小学来回一趟得四个小时,即使到就近的一个教学点,来回一趟也得两个小时。许多孩子因为路太远不愿上学,而那个教学点也因为破旧不堪、缺少师资准备拆掉。"禧玛妹妹说,看到这种现状,她当时就流泪了。她将考察情况汇报给苏州英格玛人力资源集团董事长庄志,希望集团能帮助那里的孩子。庄志考虑后决定在那里援建一所希望小学。

随后,英格玛出资,修路,建校舍,配

置电视、VCD等教学器材和
体育器材，每月补助那里的
教师200元生活费，还建了两
所禧玛妹妹阅览室。就这样，
即将拆掉的教学点又"活"了
过来，失学儿童也重返校园。

禧玛妹妹事迹

2008年02月正式签署第二十九届北京奥运会火炬手；
2008年03月首张唱片《天使爱》录制完成；
2008年03月歌曲《禧玛妹妹》奥运歌曲制作完成；
2008年04月英格玛人力资源集团形象代言人。

　　为了帮助那里的贫困孩子，禧玛妹妹又和当地扶贫办的工作人员、大
学生志愿者一起到村里走访，选出最需要帮助的50名贫困孩子，将这些孩
子的情况发布到网上，寻找愿意资助他们的爱心人士。最后，50名孩子全
部得到了一对一的帮扶，每个孩子一年获助300元，直至小学毕业。

禧玛妹妹的现象

　　2006年12月，禧玛妹妹的超强人气引来当地媒体的关注；随着"禧玛
妹妹"在网络人气的不断攀升，传统媒体也开始了对禧玛妹妹的采访和报
道。到目前为止，已有CCTV-1、CCTV新闻、《河南日报》、《河南大河报》、
《东方今报》、《深圳特区报》、《杭州晚报》、《平顶山晚报》、《平顶山日报》、
《苏州日报》、《扬子晚报》、《城市商报》、《姑苏晚报》、《昆山日报》、《打工杂
志》、蓝铃打工妹、CCTV
新闻网、大河网、江苏新
闻网、深圳新闻网、叶县
电视台、平顶山电视台、
河南电视台等数十家报
纸、杂志以及电台进行
了报道，同时被各大报
纸转载并成为多家著名
杂志的封面人物。所有

报道都有一个共同特点,没有把禧玛妹妹当作娱乐人物对待,而是把其当作一个严肃的社会性话题进行社会对孝道的解剖研究。

三星奥运火炬手李月平则是中国打工族的形象代表,她深有感触地说:"200米的距离虽短,但给我的启发很大。奥林匹克精神不仅激励着竞技场上的运动员取得优异成绩,而且重要的还在于激励公众在平凡的生活和工作中积极进取,将自己的潜能发挥到极限。"

她是中国最美女儿

叶县副县长白鹏飞表示,看到月平的文章,他深受感动,一方面从月平的妈妈身上看到了母爱的伟大和无私,另一方面从月平身上可以感受到母女间的深情以及传承的中华民族五千年来的美德。请看网友的评说——

阿妍:禧玛妹妹对母亲这么孝顺,心中有着浓浓的爱,堪称"中国最美的女儿"!

九九:天下最无私最深厚的爱当属母爱,天下最纯粹最温馨的情莫过于亲情。禧玛妹妹对母爱的表达虽然让人感觉有点违背常理,但恰恰折射出这份感情的朴实、真挚,尤其让人感动。

中原崛起:禧玛妹妹短短一句"妈妈,下辈子我要做您的妈妈",把母女之爱演绎得淋漓尽致,感人肺腑。可以说,称她是"中国最美的女儿",就是对人间真情的褒扬,对人间善良的呼唤,对美好心灵的追求,可怜天下父母心,可现在却有多少人淡漠了亲情。人间呼唤真情,我们需要"中国最美的女儿"!

寒江雪:看似平凡的孝道,

火炬手

是指在奥林匹克运动会火炬传递接力活动中负责传递奥林匹克圣火、传递奥林匹克理想的人员。火炬手可以是运动员、政府官员、达官贵人,也可以是平民百姓。不管怎么样,成为火炬手都将是伟大生命的升华。

在当今社会却是非常缺失的！我是自叹不如，以后要多多孝敬自己的父母！其实，禧玛妹妹打动大家的不仅是一篇文章，也不仅是一张清秀的面庞，而是一颗金子般的孝心！她是中国最美的人！禧玛妹妹的走红，让我再次对河南人充满敬意。

依风逍遥：百善孝为先，孝顺父母是我国的优良传统。一方水土养一方人，禧玛妹妹是河南的水土养育出来的好儿女。

丛林飞虎：禧玛妹妹的走红，让我再次对河南人的纯朴、善良情怀充满深深敬意！

孤舟：河南出了中国当代孝子张尚昀，这次又出了以一片孝心感动全国网友的禧玛妹妹，这是河南的骄傲，是河南人优良品质的体现！

"最美的人"真正起到了"塑造美好心灵、弘扬社会正气"的作用：

青若：河南最近涌现出"最美系列"网络红人，"中国最美女记者"曹爱文，"中国最美的深山女教师"王梅香，"中国最美的继母"武雪梅……现在又有了被一些网友称为"中国最美的女儿"的禧玛妹妹。他们都是河南的骄傲，展现了我们河南人的纯朴、善良、正直、正气！

瓦当：为什么我们把这么多的"最美"毫不吝惜地给了这些普普通通

的人，就是因为我们在追求人间真正的美。

紫茄子：禧玛妹妹最令人感动的就是她那篇网文，被她的文字打动的众多网友的心灵也是美丽的、高尚的、心存善念的。发现美的眼睛和心灵同样可贵！

蝴蝶翅膀：这样一个普通的农村姑娘，也能以正直、善良、坦率、孝顺等传统的美德赢得广大网民的心，说明在当今社会中，这种美正是我们所需要的。社会不管如何发展，人性的光辉还得继续发扬光大，这是时代的要求，也是我们这一代人的责任！

第十二章　身家过亿的80后青年

李想来自一个开明和幸福的家庭。这让他可以在高中时代就可以按照自己的意愿玩儿起了计算机和BBS,当他决定不上大学而选择创业的时候,家庭也支持了他。这种幸福是与生俱来的,但这可以算是李想成功故事的第一步台阶。李想的成长是从个人网站开始的,然后逐渐发展到一个150名员工的团队。在早期,李想说自己能够成功是因为兴趣和爱好;然后,支持李想继续进步的是责任心;最后,李想发现管理也是一门很有趣的学问,于是,李想从一个发烧友、职业撰稿人转变为企业家。

第一节　走近人物

个人简介

李想生于1981,河北人。高中文凭,1999年创业。他是80后的典型代表,泡泡网(北京泡泡信息技术有限公司)首席执行官。他的泡泡网是一家从事电脑硬件、个人和办公数码产品的信息服务的网站。PCPOP是第三大中文IT专业网站。2005年底营收达2000万,利润50%,按通行的市场收购标准,即以20倍的市盈率来计算,占公司绝对股份的他,身家已过亿。这一年,李想24岁,创业6年。2005年,从IT产品向汽车业扩

张，创建汽车之家网站；2006年5月，被评为"中国十大创业新锐"。

个人影响

除了互联网，车就是李想的最爱。他的车开得极猛。

大伙儿一起从后海出来走三环上京昌高速。后面的车刚到三环，他已经到京昌路掉头了。开猛车的人很多，可是加速快，就免不了多刹车。但有一种快速是可控制的，跑完整个四环不用踩一脚刹车；开辆Polo在北京狂奔10万公里，一次没蹭过。这就是李想的风格，"在高速上保持预见性，把自己变成导演"。

其实6年创业跟开车跑一圈四环也是相似的风格，两个字：顺、稳。1999年，18岁小伙的个人网站靠送上门来的网络广告就赚了10万，这一年高中毕业、成绩平平，放弃上大学而直接创业"理所应当"。

2002年，李想告别父母，从石家庄迁到北京，招兵买马，开始"正式的商业运作"。自此，PCPOP的广告销售每年以100%以上的速度增长，2005年，又从IT产品向汽车业扩张。

今天，当初红火一时的小熊在线、走入中关村等网站要么止步不前、要么销声匿迹，领先的中关村在线和太平洋在线都背靠大媒体或大卖场资源，而势头最劲的PCPOP单纯靠内生性增长。

第二节　李想的另类创业

要做个优秀的人

虽然在2000年，当大多数高中同学都在念大一时，19岁的李想已经有了一个很前卫的头衔——泡泡网首席执行官，套用当下时尚的叫法，即一个IT个人网站的站长。

但当时，石家庄——李想的家乡——知道网站的实在不多。许多人以为"泡泡网"就是"泡网吧"，市工商局回复说，要李想去公安局开个证明才给注册。

每天，这位少年首席执行官骑单车到河北科技大学附近一间两居室民居上班，和其他三名年轻人连续工作15小时以上，饿了就泡方便面，李想连泡都懒得泡，直接啃。

李想从来不喜欢课堂，他总要学习在实践中能快速使用的。需要什么才学什么，学了什么就马上用起来。但初中时候也曾经在课堂上拼命学习，就因为老师一句话的激励："学习不好不要紧，但一定要做个优秀的人"。他认为这是他在课堂上所学到的最有价值的东西。

此前的李想并不是别人眼中的精英人物，中学六年，李想把所有业余时间都给了计算机和互联网，"它们就是为我而发明的"。要转遍石家庄所有的邮局去买一张软件，整夜的呆在电脑前搭建自己的网上王国。白天在课堂上不愿同老师同学分享的观点，晚上在互联网上可以敞开自由地表达、遭遇到强烈地碰撞，在争执或者认同中被不断记录、被不断成就。"新东西都是在互联网上学到的，传统的教育被抛开了。"

父母是当地艺术学校的老师，家教宽松。李想儿时被送往农村，在乡间长大；中学时跟奶奶住在一起，很少被父母留在身边。李想有一个够大的空间，自由成长。追根溯源，李想说最应该感谢的就是父母，独立是他们所施予的最重要的素质。

当他说要放弃高考立志创业时，老师连劝都没劝就同意了，"差生"李想的退出，有利于提高学校升学率。

父亲李宪法至今仍清晰地记得18岁的儿子说出不上学的理由，"互联网是个潜力无穷的增长市场，现在我不去占领，等我读完四年大学，早

李想语录

所有的错我都犯过，所有的困难我都遇到过。但是，我都很好的解决了，而且我也掌握了解决这方面的能力，所以我自己就提升了，反而我觉得这是件好事情，不会把这当一个坏事情去想，而去回忆。

就被别人占领了。"

听了儿子的想法,李宪法并不特别意外。李想从初中开始就迷恋电脑,上了高中,李想越来越沉迷于电脑与电脑杂志,最后"嚣张"到连考试都懒得参加。

李想烦写作文,尤其烦写"阳光射在哪里"、"大海怎么样"之类的语句,但他写的电脑性能测评报告却大受欢迎。来自各电脑期刊的汇款单频频寄至家中,平均一个月有四千多元,比父母的工资还高。高三时,他办了首个个人网站"显卡之家",以同类网站流量第一的地位,广告费月入万元。

思前想后的李宪法最终同意了儿子的选择。于是高考那天,李想骑单车去快递公司取网页制作软件,路过学校门口时,有熟人认出了这位好久没出现的学生,"啊!李想,你怎么没在里面考试?"

"京城四少"

2001年,李想将公司迁至北京。思路很清晰,北京聚集了中国最优质的资源,网站在那里才能继续做大。

在北京,做IT产品资讯的远不止泡泡一家。超越竞争对手,李想的做法很简单,每天的最新资讯必须要在早上完成更新,所有资讯都别人早发布几分钟。

这是李想几年前做"显卡之家"积攒的经验。当年,电脑还是奢侈品,大家基本都去网吧,网吧清晨与其余时间的小时费用分别为一元和八元,许多人喜欢大清早上网。李想坚持每天早上五点更新资讯,点击量自然越来越高。"做别人不做的事情,成功其实容易得一塌糊涂。"李想说。

2005年,泡泡网跃居为国内第三大中文IT网站,年营收近2000万,利润1000万元。彼时,李想却开始考虑转型做汽车资讯网。"我发现自己每天

再工作50小时，也超不过前两位时，我只有去寻找其他的增长市场。"李想说，"在IT业，只有做到一哥，你才有话语权和定规矩的资格。"

转型初期，李想卖广告卖得很费劲，中小客户尚好，国际大客户却不买这帮"小孩"的账，即使当时访问量已做到前几名。做品牌推广，还得烧钱，烧很多钱。2006年，25岁的李想获得年度十大创业新锐奖，成为首个获此荣誉的80后。五年前，百度CEO李彦宏也曾获得这一奖项，其他知名IT精英，如丁磊、张朝阳、杨致远等，也纷纷包揽各项荣誉。李想与他们的财富十年，也是中国互联网业发展的黄金十年。

当媒体慕名而至，汽车之家市场拓展负责人做了一个策划，将北京其他三名与互联网相关的同龄财富新贵凑到一起，作为80后"样板工程"进行宣传。这四名被封为"京城四少"的80后——李想、Majoy总裁茅侃侃、北京康盛世纪科技有限公司CEO戴志康、中国娱乐网CEO高燃——一夜成名。

他们四人均家境普通，白手起家，特立独行，经历传奇。他们的形象颠覆了80后身上"垮掉的一代"、"迷失的一代"的负面标签，成为同龄人追捧的偶像。"京城四少"热持续的半年中，李想每天至少会接受一家媒体的采访，或被要求扮成潮人状，登上各种时尚杂志；他频频被各种时尚PARTY邀请，在名流、红地毯、高级订做时装与晚礼服之间，穿着ZARA或杰克·琼斯突兀地穿梭其中。

媒体报道热带给李想最大收获是，"至少省了2000万广告费"。李想红了，更多的人知道了他的网站。而对于个人，"完全没影响，该干嘛干嘛"。

"准老男人"

李想始终没被"熏陶"为一名时尚人士,他到现在也分不清名字不同的咖啡到底有什么区别;他最烦穿西装,喜欢穿仔裤和套头衫;他最大的爱好是宅在家里,看《越狱》《士兵突击》《奋斗》《蜗居》等热门影视剧,打游戏。

2006年的那场危机,李想回忆起来仍然心有余悸。那是2006年下半年,几乎一帆风顺的李想遇到创业后最大的危机。

当时,泡泡网有一半的编辑要辞职,因为网站全是靠编辑来运营的,如果走了一半,那网站基本上没有办法运营了。李想非常着急,立马给要辞职的编辑打电话,一个一个地打。但他们却异口同声地告诉他,已经去竞争对手那里报到了,而且条件很好。

第二天李想到了公司,只剩下几个领导,大家一起开会讨论,决定马上招人,一个一个地去带。大概一周左右的时间,整个网站的运营终于恢复正常了。在这个过程中,所有的竞争对手都在传:泡泡死定了,李想没戏了,甚至说整个公司只剩李想一个人了。幸运的是泡泡网度过了其成立以来最大的危机。

目前,除了忙碌的工作,李想还会经常写自己的博客,他写博客的速度很快,一般只要用15分钟就可以写完一篇博客。在他看来,除去睡觉的时间,百分之九十的时间都是在做和工作有关系的事情,写博客也是工作的一部分。

李宪法说,这次风波与李想的性格有关,他不太擅长与人沟通,如

果对方不同意他的观点,他不会坚持争取对方认可,而是埋头坚持自己的想法。

危机后来扭转,2008年,汽车之家实现平本,开始进入高回报期。同一时间,中国互联网业也结束了第一波热潮,转而进入以博客、SNS(社交网站)为代表的第二个高峰。

2009年,作为"汽车之家"和"车168"的创始人,28岁的李想实现了四年前由IT转型做汽车资讯的目标,而公司资产也从十年前的十万元升至两亿元人民币。

在李想位于北京中国电子大厦的办公室里,堆了不少时尚杂志与财经期刊,这些刊物几乎全都专访过他。李想被媒体定义为白手起家的80后财富新贵,新生代企业家领军人物。

这般光景对于十年前的高中毕业生李想来说,自然是未曾想到。

不过李想从没有考虑进入开心网、校内网等热门社交网站领域,"我只做自己最感兴趣、最有把握的"。

李想不认为自己的成功,缘于紧扣中国互联网业的黄金十年。"我最感谢的人是我自己。"他说。父母时常会提醒他"说话谦逊一点",但李想觉得相比同龄人,自己已算成熟、"想得很明白"的。

李想从不掩饰自己的学历,他招员工最看重对方实干、目标明确。他反复向应聘者强调,别跟我说你的想法,我根本不感兴趣,我只看你在这个团队里能干什么。

他每天无论再晚睡,都会在七点半准时起床,准时出现在公司,"对自己要求不严格,有什么资格要求员工?"他说。他关注的领域,逐渐扩展到宏观经济、房地

李想定律

如果一个事情比别人多付出5%的努力,就可能拿到别人200%的回报。做事要认真。李想每天都在这样要求身边的每一个人,因为他自己就是这个方式的受益者。比如同去参加一个新品展示,李想就要求PCPOP的文章要比别的媒体先出来,哪怕就比人家快5分钟,也许你就因此而多做功课、少睡了10分钟,但结果就是第二天所有的网站论坛都是你的文章。厂商的认可、广告投入就随之来到。

产、股市及各种社会问题。

这个"新贵",衬衣也有订做的,100块一件;他也打网球和高尔夫,只不过仍是宅在家中,玩WII(任天堂在2006年推出的新一代电视游戏机),并继续对文艺片嗤之以鼻。

三年前成立的"京城四少"组合,聚会的时间越来越少。高燃的生意和应酬不断,"越来越像商人";茅侃侃除了真人CS,还做起了培训;戴志康基本见不到人,眼下,他不但做到论坛平台应用软件的一哥,还开始进军电子商务平台。

在博客里,李想将四人三年前的照片和近照放在一起上传,自嘲已"变成了准老男人"。2010年,下一个十年开年,"准老男人"李想虚岁三十。未来十年,他的理想包括,将公司在纳斯达克上市,并像上一代,上上一代曾经年轻过的长辈一样,在对的时间,结婚,生子。

第三节　成功创业的7个要点

如今,1981年出生的泡泡网总裁李想无疑已经成为80年代的偶像和榜样。"很多人最感兴趣的是年轻人应该如何创业,如何发展。其实在我看来,无论是自己创业还是打工,区别不大,最关键的是怎么去做,如何少走弯路。"李想拿出他积累的创业和发展的7个要点与大家分享:方向、目标、意愿、方法、毅力、成果、自我观察。

1、方向:方向是创业和发展的第一个重要指标,就是你要为什么而奋斗。方向不是目标,目标有终点,而方向永远没有终点。对于年轻人和创业者而言,方向是非常重要的。说的再难听一点,即

使我们自己很笨,只要坚持一个正确的方向,一直坚持,也会取得不错的成果。有了方向,目标就会更加清晰,也可以更加有效地去管理目标。

2、目标:当我们有了方向以后,最重要的不是先掌握方法,而是先明确目标。我发现大学毕业生可以分成两类:一类是上学就有明确目标的,这些人在上学的4年中,除了正常的学习,还会围绕自己的目标去学习和提升,所以,这类大学生特别好用,只要工作的意愿够高,可以快速成为一流的员工;还有一种类型的是大学上完了还没有目标的,为了上学而上学,他们来面试的时候也不知道自己要做什么,只是有什么工作就干什么工作,或者干脆一坐,问HR你能给我安排什么工作?我们100%不会用第二类大学生,因为培养的成本太高了。所以,我建议大学生们,早一点给自己找到一个目标,在进入社会后,你可以比别人至少早两年进入正轨。

3、意愿:有了方向和目标以后,最重要的不是马上去找方法,而是先解决自己的意愿问题,意愿就是一个人为了实现目标而付出行动力的决心。我们常说人要有压力,但有压力而无所作为的人中国可以找出无数来,只有通过意愿变成超强的行动力,而产生出结果和实现目标的才是有价值的。

所以要放弃压力,变成行动力,而行动力的根源来自于意愿,只有行动力才可以实现你的目标。当一个人具备了很好的方向、目标和意愿以后,他就具备了创业以及走向工作岗位的基本条件了。

4、方法:方法本身并不重要,为了实现目标而存在的方法才是最重要的。对于一般人而言,只有自己有强烈的意愿去实现目标的时候,才非常容易接受别人给予的方法,

李想

甚至自己去找寻方法,所以获取正确方法的前提是目标和意愿的存在;而不一般的人,具备很好的学习和聆听能力,他会把所有的方法变成自己的,在实现目标的那个环节中以最恰当的方法来使用。对于管理者而言,管理的同时,方法会成为催化剂,这个催化剂可能是正面的,也可能是负面的。方法一定要在别人需要的时候再给予,也就是对方有意愿和需求去达到目标的时候。

5、毅力:毅力=坚持+突破。我们设定的目标是由很多小的目标组成的,小的目标完成了,大的目标就可以完成了。不过,我们被目标搞死了,因为目标遇到一些难度或者阻碍的时候,我们就不去完成了,绕开它,然后寄希望于找到更多的新的目标去实现大目标。所以,盯好眼前的目标就足够了,用你的毅力去战胜困难和阻碍,坚持和突破!慢慢的,你就会具备实现目标的能力了,而这完全归功于你的毅力。

6、成果:最值得兴奋的就是成果,而不是过程。成果标志着你已经具备了完成目标的能力,也意味着你可以去挑战更高的目标了。

7、自我观察:我们太多的时候陷入过程而不能自拔,发现不了问题。

如果发现不了问题,就会迷失,肯定实现不了结果。因此需要自我观察。我制定了一个简单的工具,将任何事情的组成简化为:目标-过程-结果,而对于一个有目标的人,问题肯定会出现在过程中,所以一旦感觉不太对劲,马上用这个工具判断自己,我所进行的过程与我要实现的目标是否一致,问题出现在哪里?用目标来判断正在进行的过程是否相符,是否是最佳的过程,能否产生结果?这样,问题就会找出来了。

李想的机会主义

当李想决定从石家庄来到北京下海的时候,他遇到了一位毛遂自荐的合作伙伴,帮他开始了北京的业务。今天,这位"贵人"还是李队的成员,承担CEO的职位。李想的第二个机会来自他自身的特点和能力。一个是年轻,所以他能容忍一个娱乐区的社区在IT网站的摇篮里生存成长,以致一度占到该网站将近一半的流量。虽然看上去有些不务正业,但客户群正是一个社区网站成长的发动机,也是一门门户网站粘合剂。李想是一个IT发烧友,所以他能够让泡泡网拥有相对竞争优势——产品评测。

李想说："这7个要点，是我创业的积累。需要提醒的是，能做到这几点不等于成功，但有成功的可能性，做不到这几点就没有成功的可能。"

第四节　李想的成功

成功的秘诀

在网络经济时代，未完成学业就离开校园，年纪轻轻就建立起一家知名的大型网络公司的例子并不鲜见。19岁的迈克尔·戴尔放弃了德州大学的学业，决定建立自己的电脑公司。今天，世界计算机领域里有了一家知名的"戴尔公司"。

1975年2月，念完二年级课程的比尔·盖茨放弃学业，建立了当时名不见经传的微软公司，今天的比尔·盖茨已名居世界富翁排行榜的第一。

1999年，默默无闻的高中生李想，经营起他的网站，2000年新人加盟，网站商业化，他也成为了名副其实的创业者。

虽然李想尚不能与戴尔、盖茨比肩，但更年轻的他有着光明的未来。虽然没有受过高等教育，但李想的领导力无疑是他成功的根源之一。

他的员工评价他："在同龄人当中，他是很有领导力的一个人。"李想自评："怎么来用好这些人，怎么让他们每个人能力发挥到最好，怎么让这个团队凝聚在一起，我觉得这是我现在最大的乐趣所在。"

科学的管理是以人为本的管理，就是最大限度地发挥每个人的才能全部朝着有

利于达到公司的目标的方向发展。企业通过管理创新，形成了优秀的企业文化，企业文化又塑造了优秀的员工，优秀的员工又造就了优秀的产品和服务，最终在市场竞争中获得合理的回报。

作为一个经理人，应该靠什么让员工对自己服气，能接受你的指挥和管理？这靠的是自己的领导力，所以你应具备五大特质：

智力：没有聪明的头脑是不行的。

监督力：就是如何让一项命令，一个工作计划按照自己的意愿实施下去。

自信心：自信是指一个人对自己的恰当的，适度的信心。既然是适度，就不能过分，过分则为自大。也不能不及，不及则为自卑。自信是心理健康的重要标志之一，也是一个人取得成功必须要具备的一项心理特质。

积极主动：为了实现目标，总是能够积极主动面对一切挑战，表现出超凡的勇气和进取心。

果断：做事情能够持之以恒，有魄力，而且一旦思考成熟，就立即着手去做，而不是畏首畏尾。

谈到未来，他认为对自己而言，第一要实现自己的价值，第二要对自己负责任，对身边的团队负责任。他说："我自己感觉很幸运，能够生活在这样一个快速发展的、开放的时代，每天都能做着自己喜欢的事情，然后跟自己喜欢的团队一起去迎接挑战，解决困难并因此创造出价值。"

第十三章　山东草根明星——朱之文

人物名片　　朱之文火了。这位42岁的普通农民，以种地、打零工为生，奉养老人，照顾两个年幼的孩子，年收入仅仅5000元左右，在田野里、堤坝上、小院外，无处不留下了他美妙的歌声。他清贫的生活、天籁般的歌声和三十年坚持不懈的音乐追求，感动了亿万网友，甚至很多海外华人成了他的粉丝。

第一节　走近人物

个人简介

　　"大衣哥"朱之文，男，山东省菏泽市单县郭村镇朱楼村人，1969年生，农民歌手。他因为在山东电视台综艺频道"我是大明星"选秀栏目中，身穿军大衣演唱《滚滚长江东逝水》如杨洪基原音重现，技惊四座，从此大衣哥朱之文便风靡网络，红遍全国，成为了大家熟知的农民歌手。后因网络拍客跟踪拍摄报道其朴实农民歌手形象，并引来大量网友的关注和热捧，朱之文随即被网友奉为中国"真正的农民歌手"，"我是大明星"版的苏珊大叔。2012年登上中央电视台龙年春节联欢晚会和元宵晚会舞台。

首次"触电"

2011年8月14日,电视电影《家住泰山》在岱岳区开机,其外景地全部选在泰安,影片由曾执导过《今夜有暴风雪》《大染坊》《南下》等著名影视作品的国家一级导演、全国十佳导演王文杰担任艺术总监,由农民歌手"大衣哥"朱之文出演男二号,这是朱之文的首次触电。

所获成绩

2011年4月12日,拿到了山东综艺频道《我是大明星》年度总决赛的双料冠军。

2011年4月20日,朱之文参加《星光大道》周赛的录制,凭借《滚滚长江东逝水》《驼铃》以及和于文华合唱的《沂蒙山小调》,获得《星光大道》周赛冠军。2011年5月12日,凭借《弹起我心爱的土琵琶》、与于文华合作扮唱《纤夫的爱》和《滚滚长江东逝水》,经过三轮比拼,最终获得《星光大道》月赛冠军。2012年2月参加《星光大道》总决赛获得第五名。

第二节 从庄稼地走上大舞台

这位42岁的普通农民,以种地、打零工为生,奉养老人,照顾两个年幼的孩子,年收入仅仅5 000元左右,在田野里、堤坝上、小院外,无处不留下

了他美妙的歌声。一个地地道道的农民，朴实无华，天籁般的《滚滚长江东逝水》《驼铃》。因演唱时身着军大衣，人送称号——大衣哥。

> **朱之文名言**
> 我现在只想好好学习唱歌，等真正有了自己的作品之后再去演出，来回报把我捧红的网友们。

朱之文只上过两年学，从未学过声乐，但打小喜爱唱歌，田间地头都能听到他的歌声。1988年，他在旧书摊上买回一本有声教材和三盘磁带，如获至宝地学起来，有不认识的字就查字典。一次在公园练声时，一个老太太见他唱得好，便把电子琴送给了他。靠着这把琴，他又摸索着学会了简谱和五线谱。

靠着磁带，朱之文把《滚滚长江东逝水》和《在那桃花盛开的地方》模仿得真假难辨。在工地打工时，工友们撺掇他去参加山东电视台《我是大明星》海选。他揣上家里仅剩的100块钱，穿上军大衣，便出了家门。

当他唱起"滚滚长江东逝水，浪花淘尽英雄"，评委误以为是杨洪基演唱的原声带，让音响师把伴奏关掉。他接着清唱，观众叫着站起来给他鼓掌。评委大喊："你是哪个专业团体的演员，打扮成这样来冒充？""俺就是个种地的农民，没钱买衣服，这还是最好的呢。"他把大衣脱了，露出袖口有破洞的红毛衣。

评委震惊了，真不敢相信是他的声音，太好听了。晋级！

没想到这么顺利。朱之文一高兴，花5块钱刻了张参赛光盘。结果到了县城，剩下的钱不够买回村的车票了，他只好摸黑步行30多里，半夜才进了家门。

面对质疑

2011年3月8日,央视天气预报主持人宋英杰在微博里转发了该段视频,力捧山东菏泽单县的农民歌手朱之文。曾上过湖南电视台《快乐大本营》节目,给观众留下更深刻的印象!目前,山东电视台综艺频道《我是大明星》节目制片人柴敏向记者透露,朱之文近日已经来济南参加复赛,而且获得评委的一致认可,直接挺进4月的总决赛。朱之文参加复赛的节目有望在山东电视台综艺频道播出。

这段视频最早出现在山东电视台《我是大明星》选秀栏目中,朱之文那高亢的嗓音引起了关注,随之推荐至新浪头条,被全国网友疯狂转发,随后朱之文便"红"了。据网上流传的视频来看,朱之文最初的亮相并不显山露水,身穿绿色军大衣的他带着浓郁的乡土气息。但当朱之文开始唱《滚滚长江东逝水》的时候,全场的观众都被他那足以媲美杨洪基的嗓音所震撼,评委们称赞他"是好歌手,穿军大衣也是掩饰不住的"。

评委之一、相声名家姜桂成开口便问:"你是农民吗,是不是哪个专业团体冒充的?"朱之文否认后,半信半疑的评委们开始连续盘问,"你地里种的什么?""麦子、玉米、花生。""种麦子的时候,先浇水还是先放种子?"

"那得看旱不旱,不旱不用浇水……"几番追问后,朱之文终于"过关"。作为该选秀节目的评委李军表示:"当时朱之文上台开唱时,我还以为是音响师出错了,把原声带给放出来了,但是仔细听一下又觉得不

对,他的声音很像杨洪基,但又有自己的特色。"

第一次参赛

2011年3月22日,朱之文用化肥袋子拎了半袋馍和咸菜到济南参加复赛。他演唱的《驼铃》再次让全场沸腾,直接进入总决赛。

42岁的朱之文是菏泽市单县郭村镇朱楼村的普通农民,平时以种地为生,农闲的时候干点建筑活儿。"我从小就喜欢唱歌,经常在河边、树林里唱,干着活也唱。"朱之文说。村里的邻居反映,朱之文是当地"著名歌手","十里八村都找不着这样一个唱歌的好手"。

记者联系上了该节目制片人柴敏。她向记者介绍,视频上的情景发生在济宁赛区的海选现场。"我们没在菏泽设赛区,朱之文是从单县特意赶到济宁参加比赛的。"柴敏说,"CCTV3杨洪基指导朱之文时,他非常紧张,先是找到面试导演唱了一段,问导演:我水平行不行,不行我就回去了,晚了赶不上回家的车了。"

此后,朱之文获得总决赛冠军,并走进中央电视台,参加了《欢乐英雄》、《星光大道》、《我要上春晚》等栏目。

《我是大明星》

张敏健疑惑他是不是农民,3月16日大衣哥再次上《我是大明星》的舞台,这次大衣哥给大家带来《驼铃》。张敏健说:"你放音乐不能算过关。"大家呼吁清唱,再次清唱一解大家迷惑真的是自己唱的,武老师说是扮装,举

起大衣哥的手,大家承认是农民。大衣哥给老婆打电话通告。田慧表态直接给票,武老师又再次给了他绝顶的评价:"晋级!"大衣哥再次打电话给老婆说"晋级!"而大衣哥的老婆带着孩子一同走在去往大哥现场的路上!

上星光大道

在《星光大道》年度总决赛上,他穿上主持人毕福剑送给他的一件礼服上装,与杨洪基一起演唱《滚滚长江东逝水》。他模仿得实在是太像了,连杨洪基都表示赞叹。

在"才艺展示"一关时,只会唱歌的他,不得不表演农家活——劈柴。这毕竟不是才艺。他被刷了下来,很多观众为他抱不平。他平静地说:"谁刷下来都会难过,看了别人难过,我也不好过,还是自己难过好了。"这番朴实的话为他赢得了更多掌声。

但正像他所说的,"一个人要保持低调,行得正,站得稳,只要你能够做到细心、关心、用心,每件事都能做成。"

春晚梦想实现

他参加央视《我要上春晚》节目,在最终的全部人气王决赛中表现出色,拿到了总导演哈文发给的春晚排练通知书。"大衣哥"朱之文终于走上了春晚。

中央电视台影视之家号称明星集中营,因为这里驻扎着大部分

即将参加春晚的演员，也是很多人春晚梦开始的地方。除夕的中午，楼里就热闹起来了，各个房间的演员都开始为晚上的演出做准备。一会儿，"大衣哥"朱之文也要从这里出发，踏上他的春晚演出之路。

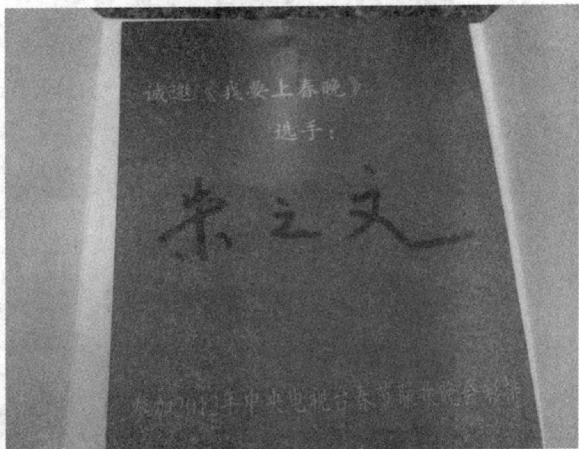

刚吃过午饭，朱之文就催促着妻子拿出崭新的大红色唐装和锃亮的皮鞋穿上。为什么不穿那件标志性的军大衣？"春晚的舞台很重要，这是我专门花150块买的演出服，皮鞋是粉丝送的。"朱之文不好意思地笑笑，解释道。

妻子李玉华这次跟着朱之文一起来北京。"他平时干农活就唱，我也爱听，就是不知道他唱的啥。"说起朱之文唱歌，不光妻子爱听，村民们都很喜欢。平时他一唱歌，村里的孩子们就跑过来围着他。

这次得知朱之文要上春晚，临行前乡亲们都围着他嚷嚷，让他帮忙要明星的签名照，朱之文问他们想要谁的，他们却支支吾吾地说不上名字。"农村的文化生活还是比不上城里，但是我们家家也有了电视和DVD，想学才艺也能去镇上或者市里找老师了。"朱之文说，这比起他小时候，已经好太多了。

尽管"大衣哥"已经颇有知名度，但是对于自己的唱功，朱之文也很清醒："我唱的不如专业歌唱家，但我可以用心唱，用感情唱，拿出我最好的状态来打动观众。"朱之文坐上了驶向中央电视台的车，提前去参加准备工作。

看着一路上浓浓的"年味

儿",朱之文回想起往年除夕时家乡的情景——朱楼村家家户户都张灯结彩布置一新,村民们有打羽毛球的、有看电影的、有看戏的,热闹极了。他归家心切地订了初一早上7点的高铁票,"两个小时就能到曲阜,再坐两个小时汽车,午饭时候就到家了。"家乡的习俗是初一中午吃饺子,朱之文的妹妹和两个孩子在家准备好了他最爱吃的白菜萝卜馅饺子等着他回来。

夜幕降临,随着春晚演出进入高潮,北京城里的爆竹声越发地喧腾起来。准备停当的朱之文也开始候场,等着走上舞台。他将带着思乡的心情,用纯朴的嗓音唱起"我的妈妈,盼儿回家,母爱的目光亲吻我的脸颊,看我吃饭,听我说话,笑容里面开着泪花……"

上了春晚,一下子让全国的观众认识了他,成名后的农民朱之文现在是否还是草根形象?笔者见到他时,他头戴黑色毛线帽,鞋子上还是沾满了泥土;乡音还是那么醇厚,笑容还是那么纯善、朴实、憨厚;他歌声还是那么浑厚而嘹亮,婉转而悠扬,穿云裂帛,荡气回肠!还是淳朴的草根农民朱之文。

朱之文成名

正月初三、初四两天，按习俗要去走亲访友，朱之文骑上车子带上礼品就去了，他没一点明星的架子。而为了能在家多呆几天，他推掉了好几场演出，"别管多忙，说啥也得回家过年，该走的亲戚不能少，该串的门得串，这是老理儿!"初五，一拨又一拨的访客走进了"大衣哥"朱之文的家。都下午两点半了，一家人还未来得及吃午饭，此时的朱之文正在修理家中的水井。蓬头、旧袄、脏兮兮的裤子和皮鞋，一双糙手正在摆弄身边的水压井。只有棉袄里面那件红彤彤的唐装，能使他跟春晚舞台上的"大衣哥"对上号。朱之文在"春晚"亮相时没穿那件标志性的大衣，这是有"故事"的。在确定自己能登上"春晚"的舞台时，朱之文也曾想过穿什么衣服。许多"粉丝"也建议："还是穿那件让他出名的军大衣上场"，"但那件大衣我想穿也没了"，朱之文不好意思地说。原来，他穿军大衣唱歌出名后，邻居到他家都想看看那件大衣。结果，大衣被挂在三轮车上，后来被邻居家的狗把袖子撕烂了。在北京参加春晚彩排时，他有一次去逛街，在商场内看到一件红色的唐装，感觉很喜庆，便花150元钱买了下来，"形象虽然变了，但那颗农民心不会改变"。

一拨又一拨的访客走进这个院子，有周边的乡邻，有路经该村串亲戚的人，还有从100公里以外的菏泽城专程赶过来的粉丝。简单的几句客套后,朱之文不再理会大家的夸赞,继续去忙手里的活计,一会也不舍得闲着。他将一根长钉拧弯成扣,固定在拉杆的顶端,又让妻子找来皮子剪制成皮垫,一切完毕后,朱之文将其放回水压井的拉管里,拉了三五下后,水压井出水了,他这才放下手里的活。

朱之文说,这两天,家里就没断了大老远赶来的人,有看热闹的,有来学唱歌的,啥人都有。刚刚送走河南商丘的,又来了菏泽城里的,昨天还有个外省口音的人来求助。朱之文一脸无奈,现在感觉生活有点被打乱了。朱之文告诉笔者:"我就想在家练练歌,下地种菜,喂鸡喂羊,和乡亲们开开玩笑","我希望静一静,真是太累了"。

一会儿访客更多了,三四十人围了大半个院子。他索性搬了一把椅子,来到院中,反坐着跟大伙笑嘻嘻地说话,"朱之文,你可是大明星了啊!""哪里啊,我还想着跟你男人去打石头呢,打石头多自在啊!"调侃了一阵,朱之文笑着进屋拿出来一把玩具枪,放进一包塑料子弹后,"砰砰"地练起了射击,引得大伙一阵大笑。有人夸赞他的射击技术,他连连摆手,"不好不好,这六发才中四发,算不上高手。"

朱之文成名后,先后为村里购置更换了新的变压器,还出资3万多元为村里购置了健身器,让村里的老人孩子有了健身、娱乐的场所。北京春晚回来后,朱之文也常去玩,甚至像孩子一样荡荡秋千。

想着过几天又要出门,惦记地里的麦苗,朱之文想到地里转一圈。"俺就是个农民,这些活儿、这些地丢不下!再说,这空气多好啊!"到了自家的麦地里,朱之文用手拔了拔麦苗,"今年比去年好多了,地里不缺水。""青悠悠的那个岭,绿油油的那个山,丰收的庄稼望不到边……"在自家的麦地里,朱之文唱了起来。说起长远一点的打算,朱之文透露,他想办一个气球厂,"我考察了河北一个气球场做气球,投资少、利润大,一家两三口人就能做,我想着带着父老乡亲做这个,帮村里人一起发家致富。"他估算投资气球厂大约需要20万元,"这些钱我现在能拿出来,再多就不行了。"

他想继续学习音乐,想去北京拜金铁霖或蒋大为为师学艺,"我是这样想的,我不适合做专业歌唱演员,我还是想在家里像现在这样,想唱就唱,累了就种种地,我喜欢这种自由自在的生活。"朱之文称,他很不适应现在成名后的生活,"我现在夜里从来没睡好过。晚上总有人给我打电话,非得要做我经纪人。都是问我要多少钱。我不要钱,拿钱买我也不干……现在这样每天家里来这么多人参观我接受不了,还是以前的生活好。我感觉我现在就和通缉犯一样,真的怕了。"朱之文有些无奈地说。

第三节　成名前后之大衣哥

菏泽慈善形象大使

朱之文因形象健康,人品好获聘"菏泽慈善形象大使"。2011年5月26日,菏泽2011"爱在花乡"慈善晚会在菏泽大剧院举行,作为形象大使的朱之文,压轴演唱。这是他首次参加慈善演出。

5月15日，朱之文从菏泽市政府党组成员、特邀咨询、市慈善总会会长童彩云手中接过"菏泽慈善形象大使"的聘书，出任菏泽慈善形象大使。5月26日，他以"菏泽慈善形象大使"的身份，在菏泽大剧院参加2011"爱在花乡"慈善晚会演出，演唱了《滚滚长江东逝水》《夕阳红》，现场掌声雷动，还有观众喊出"再来一首！"。忙碌的朱之文有很多节目要录制，有很多活动要参加。对这样的生活，他说自己没觉得比以前有啥好，整天忙，"又累又熬人"，能给更多的人唱歌算是唯一的安慰了。要是能回家去地里干点活，是最好不过的了。朱之文是一位农民歌手。尽管在各地录制节目、参加活动，让这位单县农民到了更多地方，但地里的庄稼、院里的动物、熟悉的乡音一直被他挂在口上，不时提起。朱之文参加比赛、参加活动，只是想让更多的人知道有一个会唱好歌的老百姓，而对自己的演艺之路，走一步看一步，自己喜欢的是唱歌。

朱之文担任菏泽慈善形象大使，很多喜爱他的人鼓掌了，但也有一些市民疑惑了，为何邀请一位农民歌手担任形象大使？这人长得还不怎么帅。"选择朱之文，是因为他的质朴和好人品！"菏泽市慈善总会办公室主任池宗民说，朱之文多次说他唱歌是出于爱好而不是为了挣钱，加上他身上始终有菏泽农民的那份质朴，因此邀请他出任"菏泽慈善形象大使"。

"我是穷怕了！"5月15日，接过"菏泽慈善形象大使"聘书，朱之文感慨说，他和妻子结婚第二年的冬天，家里仅剩一块五毛钱，他患病牙齿疼痛难忍，是妻子用自己的长发换了200元钱，他才得以买药治病。朱之文说，人这一辈子有限，那么多钱生不带来，死不带走，不如帮帮需要帮助的人。虽然没有参加过任何商业演出，但

与出名之前相比收入还是增加了，尽管没有很多人认为的那么多，但他并不想把这些钱留在自己手里。

春晚后"大衣哥"朱之文计划盖新房铺路架桥

央视龙年春晚，全国亿万观众记住了朴实又实力不凡的草根歌手朱之文。去年在一档电视台选秀节目中，他身穿军大衣演唱《滚滚长江东逝水》如杨洪基原音重现，技惊四座，一举获得了"大衣哥"的绰号。如今春晚已过去一个月了，春晚的"余热"是否在"大衣哥"身上继续显现呢？春晚给朱之文的生活带来了改变吗？带着这些疑问，记者近日走进了朱之文的家乡——山东省菏泽市单县郭村镇朱楼村，去找寻这些答案。

朱之文带红朱楼村，老宅妇孺皆知

记者坐了数个小时的长途大巴赶到单县时，天色已经暗了下来，一打听，才知道朱之文的村子离县城还有几十里，已没有车子过去了。不过在询问的过程中，朱之文在当地的知名度也让记者暗暗惊叹。因为提到郭村镇朱楼村不一定人人知道,但提到朱之文的名字,不论妇孺,都会很清楚地告诉你乘车的路线,以及他们的见闻。

记者所住宾馆的一位服务员告诉记者,经常会遇到来找朱之文的人。"过年没几天,还有一对老夫妇过来找朱之文,就住在我们这儿。他们说看了春晚特别喜欢这个憨厚的农民,就到这边来了。"

在宾馆附近的一家小饭店,老板聊起朱之文,也能说出些故事。"过年没看到他,之前看到几次。当时他参加我们山东电视台《我是大明星》后就很火了,走在大街上大家都会跟他打个招呼,他人也很好,憨笑几下,你要是和他合影,他也不会拒绝。"

第二天一早,记者搭车赶往朱楼村。那是个有着2 000多户人家的大村子,记者赶到时村子里很安静,只有三三两两的村民在聊天。

记者这个陌生面孔的出现,很快引起他们的注意。本想向他们问路,但热情的村民总率先开口:"找朱之文的吧? 从这里往前,往左拐,再问问就知道了。"他们这种"未卜先知"的能力让记者惊讶不已,闲聊中才得知,几乎这段时间出现在村里的陌生面孔都是冲朱之文去的, 他们早已习惯了。就这样,记者很快找到了朱之文的老宅。

曾借钱买屋,现计划盖新房、铺路架桥

三间瓦房的主屋、一间土屋、砖头简单堆积起来的院墙就是朱之文老宅的框架了,院子倒很大,枣树、桃树立于院落的两角,中间一棵槐树上挂着金灿灿的玉米,是院落里难得的亮色。而几只鸡鹅加一条小狗,则为院落里添了不少生机。

朱之文不在家,记者联系他时,他正在北京录制节目。在这个老宅留守的是朱之文的妹妹朱桂莲。她告诉记者,老宅已经多年没有出新了。"那个

> **朱之文搞笑语录**
> 1.啥是胆固醇?胆固醇就是脑血栓是呗。
> 2.上了这城里,就跟个犯人似的,整天被人围着,木法练歌了。

土屋是十几年前借钱买的,因为母亲跟三哥(对朱之文的称呼)住,三哥结婚后有了孩子,三间堂屋就挤不下了,就借钱买了这个土屋给母亲居住。"朱桂莲透露,母亲现在已经不在了,朱之文今年春晚走红以后,也赚了些钱,现在想对老宅进行翻新。"听他提过,想把土屋拆了重建新的,三间堂屋估计不准备动了。今年年前堂屋还封了阳台,冬天屋子也更暖和一些。"

除了有给老宅出新的计划,早在春晚彩排期间,记者对朱之文采访时,他就提到想为村子铺路架桥。而这个想法村子里的人也都有所耳闻。"三哥是想为村子里架桥的。"

朱桂莲说,村子前头有条河,有十多米宽。而村子里的田地都在河对面。农忙时下地干活,要跑很远的路,从唯一的大桥上过去,很不方便。

门可罗雀变车水马龙

当天记者在早上8点半左右就赶到朱之文家,但依然不是最早的。走进院里时,已有一男一女在院落中与朱桂莲交谈了。女子一直询问着朱之文的电话,朱桂莲对此似乎司空见惯,很有分寸地拒绝和应付着。要电话未果,对方最终留下两个风筝离开了。事后记者才了解到,这二人是从山东潍坊赶来的,目的是想通过朱之文介绍认识老毕,借以登上《星光大道》的舞台。

"三哥是初一回来的,初七就走了,三嫂正月十六也去了北京,两个小孩也都上学去了,我就一直帮他看家。这些天每天都有人来找他,到你,今天已经第三拨了。"朱桂莲

表示，一大早就有一个酒厂的人来找朱之文，送了两瓶酒，希望朱之文能考虑帮酒厂做代言。"一般都是来找三哥做代言和演出的，偶尔有一些想让三哥做介绍人，去上《星光大道》之类的节目。"

说起这些，朱桂莲有些兴奋但也有些无奈。"以前也就亲戚邻居来串门，如果三哥三嫂出去打工，就更没什么人过来。现在从早到晚都有人来，我都不知道怎么应付。"朱桂莲表示，虽然没有具体做过统计，但是每天至少是有五拨人登门拜访。而记者在停留的两个多小时里，就遇到两拨人，除了潍坊来的，还有从青岛来邀请朱之文演出的。

而朱之文现在也是整个单县的大名人。村子里的人告诉记者："在县电视台上看到过他，有个羽绒服的代言广告。还有化肥和电动车的。"不过记者也了解到，除了这些正规的代言外，朱之文也曾"被代言"过。前不久他成了滨州一家男科医院的"代言人"。"被代言"风波目前已平息，面对侵权，朱之文选择淡然处之，谈及未来代言广告的标准，他曾说，选择代言品牌，原则是首先不能对百姓有害，"绝不弄虚作假。"

采访中，记者还意外获悉，出名后的朱之文今年还当选为菏泽市政协委员。不过，开政协会时，他正在北京录节目，所以没参加。

孩子曾没钱上学，如今去了私立学校

朱之文家的穷，曾是村里公认的。"当年朱之文很晚才结婚，那时因为太穷，媳妇也很难找。"附近的村民说，朱之文家兄弟三个，姐妹四个，一大家子人，吃穿都成问题，所以，都没怎么上学。

朱桂莲告诉记者，她和朱之文是兄妹中最小的两个，小时候家里穷，两人只上到小学二年级就不上了。"三哥打小喜欢唱歌，但没上过学，所

> **朱之文对成名态度**
> 1. 不红了，不红就不红了呗，我才不担心，到时候我就回家种地。
> 2. 我能有什么落差，我本来就是大家捧起来的，大家喜欢我唱歌我就能火，不喜欢我唱歌我就什么都不是呢，所以我特别能想通。

以很多字都不认识，为了认歌词，他就买了字典自己认，碰到什么人都去问，都去学。"或许正是这样的原因，朱之文对孩子的教育也特别上心。

"早些年家里穷，三哥的两个孩子都是很晚才上的学。现在大的闺女已经14岁了，儿子也12岁了，不过都只是才上四年级。如今三哥生活

朱之文的朴实

成名后朱之文的收入增加了不少，到目前为止，已经有好几个代言了。说到代言，朱之文首先说到的不是收入，而是回报，"现在找我代言的很多，以后还会越来越多，找我我就代。我是大家选出来的，他们让我代言，我就不能推辞。"不过说到收入，朱之文却说，"我唱歌，不是为了出名，出名也不是为了赚钱。"

也好了，也有钱了，过年就把孩子送到县里上学了。"朱桂莲介绍，两个孩子去了单县一个私立学校上学，都寄宿在学校里，每两周才能回来一次。

不光孩子送到了好的学校，记者从村里人口中还得知，过年期间，朱之文还给两个孩子请了家教。"他两个孩子学习成绩不太好，估计送到县里跟不上，就找了村里的一个老师做了一个月的家教。据说是给了2000块钱。"

从前家徒四壁，如今大件俱全

在朱之文家转了一圈，冰箱、彩电、滚筒洗衣机、电脑等现代化的电器与斑驳破落的老宅形成了很怪异的组合。朱桂莲告诉记者，以前家里什么都没有，有辆自行车就算是很好的宝贝了。现在的这些家电，都是朱之文走红以后添置的，而很多还是别人送的。"洗衣机就是别人送的，都放在这角落，我们都不会用。电脑也是别人送的，我们也不懂。今年过年，我们花了两千多装了个太阳能淋浴房。"

当记者问及，今年过年，朱之文有没有给亲戚朋友送礼时，朱桂莲说，和往年没什么不同，只是问他们兄妹缺什么，能帮的就帮一把。她还表示，自己与朱之文在兄妹几个中，关系是最好的，"以前总是替我三哥难过，太穷了，日子过得特别苦。我自己家境也不好，想帮他也都是没办法。现在别

人都说三哥红了，我才不管这些，我只是觉得三哥确实生活上好了很多，我不必为他揪心了。"

依旧爱唱歌，练歌房是禁地

一个小房间引起记者的注意，那是朱之文的小练歌房。"这个练歌房，三哥平时都不让孩子进来。"记者看到，里面非常简单，就一架电子琴，据说是于文华送给他的。里面还有几张老旧的CD和磁带，都是当时朱之文用来练歌的。"以前在院子里唱，会影响人，所以他就弄了这个小房间，专门自己练歌。"

朱之文对唱歌的热爱，也表现在他对荣誉的珍视上。记者发现，主屋的厅堂内，最显眼的地方挂着当年他在《星光大道》获奖时别人赠送的书法贺礼。而这几年在各类比赛中获得的奖杯，则被放在厅堂中间桌子的一角，"怕孩子们碰到，所以就摆在那里，不容易弄坏了。"朱桂莲说。